Answer Key to Accompany Student Activities Manual

Brazilian/European Portuguese
Ponto de Encontro

Portuguese as a World Language

Anna M. Klobucka
University of Massachusetts Dartmouth

Clémence M. C. Jouët-Pastré
Harvard University

Patrícia Isabel Sobral
Brown University

Maria Luci De Biaji Moreira
College of Charleston

Amélia P. Hutchinson
University of Georgia

Upper Saddle River, NJ 07458

Upper Saddle River, NJ 07458

Printed in the United States of America
10 9 8 7 6 5

ISBN 0-13-239346-8
978-0-13-239346-1

Contents

Brazilian Portuguese Answer Key

European Portuguese Answer Key

Brazilian Portuguese Answer Key

Brazilian Portuguese Answer Key

Lição preliminar

PRÁTICA

P-1

1. c
2. b
3. a
4. b

P-2 Answers may vary.

1. Igualmente.
2. Muito prazer.
3. Eu me chamo.../Meu nome é...
4. Não, meu nome é...
5. E eu me chamo.../Muito prazer.

P-3

1. Bom dia.
2. Boa tarde.
3. Bom dia.
4. Boa tarde.
5. Boa noite.
6. Boa tarde.

P-4

1. b
2. b
3. a
4. b

P-5 Answers will vary. Sample dialog:

a. Oi!
b. Oi! Como vai?
a. Muito bem, e você?
b. Mal, muito mal.
a. Sinto muito.
b. Obrigado. *or* Obrigada.
a. Até amanhã.
b. Tchau.

P-6

1. a
2. c
3. b
4. c
5. a

P-7

1. Obrigado. *or* Obrigada.
2. De nada.
3. Com licença./Desculpe.
4. Sinto muito.
5. Desculpe.
6. Por favor.

P-8

1. pessimista
2. imparcial
3. materialista
4. tradicional
5. introvertido/a
6. calmo/a

P-9 Answer to 5 may vary.

1. Não, (eu) não sou impaciente. Sou (muito) paciente.
2. Não, ele não é materialista. É (muito) idealista.
3. Não, ela não é incompetente. É (muito) competente.
4. Não, (eu) não sou pessimista. Sou (muito) otimista.
5. Não, ela não é tímida. É (muito) extrovertida.

P-10 Answers will vary. Sample answers:

1. ...é inteligente e generoso/a.
2. ...sou moderno/a, sério/a e sentimental.
3. ...é religioso e otimista.
4. ...é dinâmico/a e elegante.
5. ...é calmo/a e eficiente.
6. ...é romântico/a, idealista e impaciente.

P-11 Answers will vary.

P-12 Answers will vary. Sample answers:

1. mesa, caderno
2. mochila, cadeira
3. televisão, relógio
4. giz, apagador
5. lápis, caneta

P-13 Answers to 1, 2, and 5 may vary.

1. está atrás
2. está em frente
3. está ao lado
4. está entre
5. está em frente
6. está entre

P-14 Answers will vary.

P-15

1. sessenta e cinco
2. noventa
3. setenta e quatro
4. dezesseis
5. vinte e oito

P-16

1. cinco cinco, dois um, três oito um três, vinte e sete, vinte e seis
2. quarenta
3. vinte
4. zero
5. a. vinte reais
   b. trinta reais

P-17 Answers will vary.

P-18

1. sábado
2. segunda-feira
3. domingo
4. quinta-feira
5. sexta-feira

P-19

1. Hoje é...
2. Amanhã é...
3. Há aula às...
4. Hoje é...
5. Há trinta dias (em abril).

P-20

1. setembro
2. janeiro
3. março
4. novembro
5. julho
6. dezembro
7. fevereiro

P-21

1. é no dia vinte e nove de agosto
2. é no dia dezoito de setembro
3. é no dia vinte e três de outubro
4. é no dia quinze de novembro
5. é no dia seis de dezembro

P-22

1. 9:30
2. 10:45
3. 1:20
4. 3:50
5. 5:00

P-23

1. São sete e meia da manhã.
2. São dez para as três (*or* duas e cinqüenta) da tarde.
3. São cinco e vinte e cinco da manhã.
4. São nove e quinze da noite.
5. É uma e vinte da tarde.
6. É meia-noite (em ponto).

P-24

1. (no) sábado
2. 7 de maio de 2008
3. às quinze (horas)/às três da tarde
4. na Igreja Nossa Senhora de Fátima, no Recife
5. Rua Miguel das Cruzes, 234

P-25 Answers will vary.

LABORATÓRIO

P-26

Formal: 1, 2 Informal: 3

1. Eu me chamo Jorge Castro. / Muito prazer. / Igualmente.
2. Como a senhora se chama? / Muito prazer.
3. Muito prazer. / O prazer é meu.

P-27

1. Eu me chamo... *or* Meu nome é... / Igualmente. *or* O prazer é meu.
2. Não, meu nome é... *or* Não, eu me chamo... / Igualmente. *or* O prazer é meu.

P-28

1. 6:00 a.m. – 11:00 a.m.
2. 8:00 p.m. – 2:00 a.m.
3. 1:00 p.m. – 6:00 p.m.
4. 8:00 p.m. – 2:00 a.m.
5. 6:00 a.m. – 11:00 a.m.

P-29

1. o senhor/a senhora
2. você
3. você

P-30

1. Dona Matilde: mal
   Seu Vasco: bem
2. Sônia: bem
   Rui: bem

P-31

a. 3 b. 1 c. 4 d. 2

P-32

1. Até amanhã.
2. Tchau!
3. Por favor.
4. De nada.
5. Até logo.

P-33

Sim: 2, 4 Não: 1, 3

P-34

1. João Gomes é dinâmico e competente.
2. Raquel Sousa é moderna e elegante.
3. Zé Soares é otimista e sentimental.
4. Manuel Pina é idealista e sincero.
5. Susana Freire é independente e rebelde.

P-35 Eu me chamo Gina Morais. Sou animada e impulsiva. Minha amiga Manuela é diferente. Ela é introvertida e paciente.

P-36

1. Maputo
2. Brasília
3. Lisboa
4. Luanda
5. Recife
6. Praia

P-37

1. uma mochila
2. um aluno
3. uma mesa
4. um professor
5. um relógio
6. um apagador
7. um caderno
8. uma cadeira
9. um livro
10. um computador
11. um lápis

P-38 Answers provided in corresponding audio recording.

P-39 Answers provided in corresponding audio recording.

P-40 Answers provided in corresponding audio recording.

P-41 Answers provided in corresponding audio recording.

P-42 Answers provided in corresponding audio recording.

P-43 Answers provided in corresponding audio recording.

P-44 Answers provided in corresponding audio recording.

P-45

Respostas: Tem sete (dias). / Tem vinte e oito, vinte e nove, trinta ou trinta e um dias. Depende do mês.

Pergunta: E quantas horas tem num dia?

P-46 Answers provided in corresponding audio recording.

P-47

Sim: 2, 4, 5 Não: 1, 3

P-48

1. 7:20
2. 9:15
3. 2:00
4. 3:50
5. 5:30

P-49 Answers provided in corresponding audio recording.

P-50 4, 1, 2, 3

VÍDEO

P-51

1. m
2. i
3. f
4. l
5. b
6. e
7. d
8. j
9. c
10. g
11. h
12. k
13. a

P-52

1. Mariana: Vinte anos, estudante de Arquitetura na UFRJ. / Twenty years old, studies architecture at UFRJ.

   Carlos: Vinte e seis anos, estudante de Geografia na PUC do Rio de Janeiro. / Twenty-six years old, studies geography at PUC-Rio.

   Dona Raimunda: Nasceu no dia 6 de fevereiro de 1944, no Ceará. / Born February 6, 1944, in the state of Ceará.

   Chupeta: Chama-se Carlos, vinte e oito anos, formado em Publicidade e Educação Física, apelido Chupeta. / Real name Carlos, twenty-eight years old, college degrees in Advertising and Physical Education, nickname Chupeta.

   Mônica: Vinte e seis anos, gaúcha de Pelotas do Rio Grande do Sul. / Twenty-six years old, a native of Pelotas in the state Rio Grande do Sul (whose inhabitants are called **gaúchos** in Brazil).

Daniel: Dezessete anos, nasceu no Rio de Janeiro./ Seventeen years old, born in Rio de Janeiro.

Adriana: Trinta e seis anos, nasceu em Niterói./ Thirty-six years old, born in Niterói.

Rogério: Trinta e quatro anos, professor, pesquisador de samba-enredo, carnaval e MPB, atualmente trabalha para a prefeitura dinamizando oficinas de cidadania e direitos humanos. / Thirty-four years old, teacher, researcher of Rio-style samba, carnival, and MPB (Música Popular Brasileira), currently works for the city hall directing citizenship and human rights workshops.

Juliana: Vinte anos, estuda na PUC do Rio. / Twenty years old, studies at PUC-Rio.

Dona Sônia: Cinqüenta e um anos, artesã, mora na Penha Circular há mais ou menos dez anos, tem um filho de vinte e sete anos que é um gato. / Fifty-one years old, artisan, has lived in Penha Circular for more or less ten years, has a twenty-seven year old son who's very good-looking.

Sandra: Quarenta e cinco anos, mora em Copacabana no Rio. / Forty-five years old, lives in Copacabana neighborhood of Rio de Janeiro.

Caio: Vinte e oito anos, ator, faz faculdade de Teatro. / Twenty-eight years old, studies theater arts at the university.

Manuela: Vinte e um anos, mora na Barra da Tijuca. / Twenty-one years old, lives in Barra da Tijuca.

2. Answers will vary.

LIÇÃO 1

PRÁTICA

1-1 Answers may vary, but the following subjects should be included.

1. Álgebra, Psicologia, Cálculo, Economia
2. História, Literatura, Lingüística, Sociologia
3. Antropologia, Sociologia, Psicologia
4. Genética, Microbiologia, Anatomia
5. Answers will vary

1-2 Answers will vary.

1-3

1. b
2. c
3. a
4. a
5. b
6. b

1-4

1. b
2. a or b
3. d
4. b
5. a, b, c, or d
6. a, b, or c
7. c or d
8. d

1-5

1. universidade
2. Português
3. dinâmico
4. falam
5. Matemática
6. comprar
7. caderno
8. escuta

1-6

1. Nós
2. Ele
3. Vocês
4. Eles
5. Você / Ele / Ela
6. Eu

1-7

1. você, Nós, eu
2. eles, você, Eu
3. o senhor, Eu

1-8

1. conversa
2. estuda
3. chegam
4. trabalha
5. ando

1-9

1. Nós conversamos com os amigos nos fins de semana.
2. Ele trabalha no restaurante à noite.
3. Eu chego à faculdade às 2:00 da tarde.
4. Eles jantam em casa todas as noites.
5. Você estuda na biblioteca.
6. Vocês compram livros na livraria.

1-10 Answers will vary.

1-11

1. a
2. os
3. o
4. as
5. o
6. os
7. o
8. a
9. o
10. as

1-12

1. um, um, uma, uma
2. o, a, a, o
3. os, o, o, as, a, a, a, a
4. umas, umas, um, um, uns, um, um

1-13

1. Vocês procuram os mapas do Brasil.
2. Nós também dançamos com uns colegas da universidade.
3. Você e a Clarice compram umas mochilas.
4. Os amigos da Alice estudam muito para as aulas.
5. Os colegas do Ricardo adoram as discotecas.

1-14 Answers will vary.

1-15 Answers will vary. Sample answers:

1. na biblioteca, no café, em casa, no escritório, no laboratório, na universidade
2. no café, em casa, no escritório, no restaurante
3. na discoteca, no ginásio
4. em casa, no ginásio, no restaurante, na praia
5. na biblioteca, no café, no escritório, no laboratório, no ginásio
6. no café, no restaurante
7. no café, em casa, no ginásio, na livraria, na praia

1-16

Primeiro passo

1. Bruno gosta do restaurante universitário, mas não gosta das mesas do restaurante.
2. Carla gosta da aula de História, mas não gosta da sala de aula.
3. Chico gosta das sextas-feiras, mas não gosta dos domingos.
4. Raquel gosta do restaurante São Jorge, mas não gosta do café Belém.
5. Suzete gosta da praia, mas não gosta do ginásio.
6. Miguel gosta da Adélia, mas não gosta das amigas da Adélia.

Segundo passo. Answers will vary.

1-17

1. do, na
2. ao, às, ao, à, no
3. no, do, na, na

1-18

ESTUDANTE: Oi, como vai?
VOCÊ: Bem, obrigado/a.
ESTUDANTE: Onde está o professor Mendes?
VOCÊ: Está no escritório.
ESTUDANTE: Os livros de Português estão na livraria?
VOCÊ: Estão, sim. Os dicionários também.

1-19 Answers may vary. Sample answers:

1. Eu estou em casa às oito da manhã.
2. Vocês estão na biblioteca à uma e meia da tarde.
3. Ela está na praia às dez e dez da manhã.
4. Eu e ele estamos na discoteca às nove e quinze da noite.
5. Você está no laboratório às três e quarenta e cinco da tarde./às quinze para as quatro.

1-20 Answers will vary.

1-21

1. Rita Freitas.
2. Do Brasil.
3. Português e inglês.
4. Na biblioteca.
5. Rua do Mercado, 140, Recife.
6. É 21-336-7890.
7. Para estudar.
8. Cinco.

1-22

1. Qual
2. Quando
3. Quanto
4. Como
5. Quantos
6. Quem
7. Por que
8. Quantas

1-23

1. Onde está o professor?
2. O que/Como é um elefante?
3. Quantas pessoas há no café?
4. Onde estão os alunos?
5. Quem é o Seu Alexandre?

1-24 Answers will vary.

1-25

1. come
2. escrevo
3. assiste
4. aprende
5. como
6. resistem

1-26 Answers will vary.

1-27

Márcia: mochila, toca-CDs, papel
André: mochila, canetas
Luís: cadernos, papel

1-28

1. Quatro.
2. Não, o bebê não estuda.
3. André, Márcia, Luís e um bebê (não sabemos o nome dele).
4. Nellie é amiga de André, um dos filhos de Dona Carmem.

1-29 Answers will vary.

1-30

1. é	2. você
3. são	4. você
5. família	6. inglês
7. você, às vezes	8. língua, vocês

1-31 Answers will vary.

1-32 Answers will vary.

1-33

1. c	2. b
3. c	4. b
5. a	6. b
7. c	

LABORATÓRIO

1-34

1. a	2. b
3. b	4. b

1-35

1. Verdadeiro: 1, 2, 3	Falso: 4
2. Verdadeiro: 3	Falso: 1, 2, 4

1-36

1. Carolina, Economia, difícil, onze, na biblioteca/em casa
2. Jim, Português, interessante, dez, no laboratório de línguas

1-37 Answers may vary.

de manhã: Faculdade de Ciências Humanas, Centro de Computação; está nas aulas, estuda

à tarde: biblioteca, café; estuda, conversa com amigos

à noite: casa; estuda, conversa com a família

fins de semana: praia, discoteca; caminha, anda de bicicleta, dança

1-38 Answers will vary.

1-39

1. a senhora	2. vocês
3. os senhores	4. você

1-40

1. você	2. eles
3. nós	4. eu, vocês
5. ela	6. você

1-41 Answers provided in corresponding audio recording.

1-42

1. Não, não falam não.
2. Não, não caminho não.
3. Não, não trabalha não.
4. Não, não chegamos não.
5. Não, não estudo não.

1-43 Answers provided in corresponding audio recording.

1-44

1. f	2. e
3. c	4. b
5. d	6. a

1-45 Answers provided in corresponding audio recording.

1-46 Answers will vary.

1-47

Carlos Rodrigues.
O que ele estuda?
Onde ele estuda?
Ele trabalha em uma livraria.
Quando ele trabalha?
Ele chega do trabalho às oito ou nove da noite.
Como ele é?

1-48

Sim: 1, 2, 4, 5, 6, 7	Não: 3

1-49

1. verdadeiro: c	falso: a, b
2. verdadeiro: a, c, d	falso: b, e
3. verdadeiro: a, b, e	falso: c, d, f

VÍDEO

1-50

1. e, f, k
2. g
3. a, d
4. b, c
5. c, h, j
6. i

1-51

Primeiro passo

1. semana, Corporal, duas, três
2. à noite, professora
3. sete, onze ou uma da tarde, terças e quintas das onze às cinco da tarde

Segundo passo. Answers will vary. Sample answers:

1. semelhanças: aulas duas ou três vezes por semana; diferenças: não estudo Interpretação
2. semelhanças: eu também trabalho; diferenças: aulas de manhã e à tarde
3. semelhanças: aulas às terças e quintas; diferenças: aulas das nove às quatro

1-52

1. gramática da língua portuguesa
2. filosofia, sociologia e ética no jornalismo
3. língua portuguesa
4. Answers will vary.

1-53

1. o vestibular, Engenharia Ambiental, difícil, para o resto da vida, é tão jovem
2. não é comum, ingressar na universidade, pré-vestibular comunitário
3. Answers will vary

1-54 Answers may vary.

1. ...está passando por uma reformulação significativa e bastante positiva.
2. Há uma grande diferenciação, de mais ou menos São Paulo para cima, entre o ensino numa escola pública e uma escola privada.
3. No Sul do país uma pessoa ainda pode ter uma boa educação nas escolas públicas e já no Norte e Nordeste não.

LIÇÃO 2

PRÁTICA

2-1

1. alta
2. antipático
3. forte
4. triste
5. idealista
6. solteira

2-2

1. Alto
2. soLteiro
3. jovEm
4. maGro
5. agRadável
6. pobrE

2-3

1. faladora
2. trabalhador
3. bonita
4. rico
5. curto

2-4

1. É sim, ela é cabo-verdiana.
2. É sim, ele é português.
3. É sim, ela é brasileira.
4. É sim, ele é angolano.
5. É sim, ela é moçambicana.

2-5

1. faladora, bonita
2. materialista, velho, loiro
3. populares, inteligentes, atléticas
4. agradáveis, trabalhadores
5. extrovertido, engraçado, simpático

2-6

1. brasileiro
2. americano/norte-americano
3. brasileira
4. africanos/lusófonos
5. portuguesa/inglesa

2-7

1. A bandeira portuguesa é verde, vermelha, azul, amarela e branca.
2. A bandeira angolana é vermelha, preta e amarela.
3. A bandeira moçambicana é verde, branca, preta, amarela e vermelha.
4. A bandeira cabo-verdiana é azul, branca, vermelha e amarela.
5. A bandeira guineense é vermelha, amarela, verde e preta.

2-8 Answers will vary. Sample answers:

1. As moças norte-americanas são trabalhadoras e competentes.
2. Meus amigos são trabalhadores e organizados.
3. A Madonna é famosa e fascinante.
4. O Arnold Schwarzenegger é forte e atlético.
5. Eu sou divertido/a e paciente.

2-9

1. O caderno é de José.
2. As canetas são de Afonso.
3. A calculadora é de Lourdes.
4. O dicionário é de Rita.
5. As mochilas são de Ernesto e de Ana.

2-10
1. da
2. do
3. dos
4. do, de
5. das, de

2-11 Answers will vary. Sample answers:
1. Sou de Chicago.
2. É às duas da tarde.
3. É ao lado da livraria da universidade.
4. É do Manuel.

2-12 Answers will vary. Sample answers:
1. Oi, Zé. Tudo bom?
2. Eu também estou bem, obrigada.
3. Estou no hotel.
4. É...
5. É...
6. É/Não é em frente à praia.
7. Volto no dia... Que horas são aí agora?
8. Onde está o papai?

2-13
1. é
2. estão
3. é
4. estamos
5. são
6. é, está
7. está
8. é

2-14
1. é
2. São
3. está
4. é
5. é
6. é
7. é
8. estão
9. está
10. está

2-15
1. é
2. está
3. está
4. é
5. são
6. é
7. é

2-16
1. meu
2. seu
3. suas
4. sua/nossa
5. nossos/seus

2-17
1. O programa de televisão preferido dele é...
2. O ator preferido dele é...
3. O restaurante preferido dela é...
4. As músicas preferidas dele são...
5. O cantor preferido dela é...

2-18
A.
1. deles
2. deles
3. deles
4. dela
5. dele

B.
1. Nossa/Minha
2. dela
3. meu/nosso
4. Nossos/Meus

2-19
1. estamos com frio
2. estou com pressa
3. está com fome
4. estão com calor
5. estão com medo

2-20
1. Carlos Silveira
2. Em São Paulo.
3. Avenida Sampaio de Oliveira, 1276
4. (11) 864-3656
5. Pintura, cultura, dança (samba, forró, frevo) e capoeira.

2-21 Answers will vary.

2-22 Answers will vary.

2-23
verdadeiro: 2, 5, 8, 9
falso: 1, 3, 4, 6, 7, 10

LABORATÓRIO

2-24 1/4/3/2

2-25
verdadeiro: 1, 3
falso: 2, 4, 5

2-26
1. Iracema Pereira
2. Filipe Barbosa
3. Helena Cardoso
4. Sandra Silva
5. Eduardo Prado
6. André Farias

2-27 Answers may vary.
Rapaz: Ernesto/brasileiro/dezenove/moreno, alto, gosta de música/UNICAMP, biblioteca
Moça: Ana Mota/brasileira/vinte e cinco/loira e faladora/escritório, casa

2-28
1. excelente
2. simpático
3. bonita
4. jovens
5. nervoso
6. contente

2-29

Marcela: alta, morena, olhos castanhos/inteligente e simpática

Ernesto: baixo e forte/muito tímido

Amélia e Marta: loiras, magras, olhos azuis/simpáticas e trabalhadoras

Armando e João: morenos, cabelo preto, olhos verdes/faladores e alegres

2-30

1. às nove da noite, na universidade
2. às duas da tarde, na biblioteca
3. às nove, na casa do Júlio
4. no restaurante, às oito da noite
5. na Faculdade, às onze da manhã

2-31

1. é
2. estamos
3. são
4. está
5. estão
6. somos

2-32

1. meus
2. sua
3. nossa, meus
4. nossos
5. meu
6. seu

2-33 Answers provided in corresponding audio recording.

2-34

verdadeiro: 1, 3, 5
falso: 2, 4

2-35

1. c 2. b 3. c

2-36 Answers may vary.

1. Marta, Paulo/tomar café e conversar/café da biblioteca
2. Isabel, Inês/praticar português/restaurante da Faculdade de Letras
3. Seu Pereira, Dona Lúcia/trabalhar/Faculdade

VÍDEO

2-37 Answers will vary.

2-38 Primeiro passo

1. onze, oitenta e quatro
2. não é
3. agregar
4. tem
5. dez
6. Faculdade
7. escola, folclore
8. malandro

Segundo passo. Answers will vary.

2-39 Answers may vary.

1. professores, metalúrgicos, jornalistas, bibliotecários
2. advogados, tribunal de justiça, administração de empresas, rádio
3. estudantes de arquitetura, medicina e nutrição
4. Answers will vary.

2-40

1. d
2. a, c
3. e, g
4. a
5. b, h, i
6. e, f, j

2-41 Answers will vary.

LIÇÃO 3

PRÁTICA

3-1

1. Na terça, Clara toma sol.
2. Na quarta, Catarina e Clara nadam no mar.
3. Na quinta, Clara toca violão.
4. Na sexta, João comemora o aniversário (dele).
5. No sábado, Catarina aluga um filme.
6. No domingo, João e Clara assistem televisão.

3-2 Answers will vary. Sample answers:

1. Eu tomo sol e nado.
2. Vou todos os domingos.
3. Escuto Música Popular Brasileira.
4. Costumo ler de manhã.
5. Eles dançam e conversam.

3-3 Answers will vary. Sample answers:

1. café da manhã: torradas, suco de laranja, ovos fritos e presunto
2. almoço: peixe, batatas fritas
3. jantar: sopa de verduras, hambúrguer, arroz com frango

3-4 Horizontais:

1. canta;
2. compra;
3. cinemas;
4. casa;
5. assistir;
6. biblioteca;
7. nada;
8. cinema;
9. abrimos;
10. como;
11. praia;
12. ricas

Verticais:

1. come;
2. música;
3. estuda;
4. assiste;
5. morar;
6. escritório;
7. filme;
8. toma;
9. dançamos;
10. fala;

11. escreve;
12. jogar;
13. mar

3-5 Answers will vary. Sample answers:

Vou sim, por favor.

Sopa e frango.

Suco de laranja.

De legumes.

Vou sim. Bolo de chocolate, por favor.

3-6 Answers will vary. Sample answers:

1. Maria vai comprar hambúrgueres, cerveja e refrigerantes.
2. Tomás e Cristina vão alugar as bicicletas.
3. Jussara vai procurar uma boa música e vai conversar muito.
4. Eu vou procurar água.
5. Cláudia e eu vamos preparar o frango assado.
6. Todos nós vamos tocar violão.

3-7

1. comem, discutem
2. come, discute
3. come, discute
4. comemos, discutimos
5. comem, discutem

3-8 Answers will vary.

3-9 Answers will vary. Sample answers:

segunda:	Estudo à noite.
terça:	Trabalho de manhã.
quarta:	Leio à tarde.
quinta:	Descanso à noite.
sexta:	Nado de manhã.
sábado:	Danço com amigos à noite.
domingo:	Converso com minha mãe.

3-10 Answers will vary.

3-11

1. José e eu vamos à discoteca.
2. Os estudantes vão ao cinema.
3. Marina vai à casa da Paula.
4. Você vai ao ginásio.
5. Eu vou à universidade.

3-12

1. Vou com o Ricardo.
2. Vou de bicicleta.
3. Vou para Cuiabá.
4. Meus amigos vão ao cinema.
5. Vou para uma churrascaria.

3-13

1. vai tomar um suco.
2. vai assistir um filme.
3. vou ler um livro .
4. vão fazer a tarefa.
5. vamos ouvir música clássica.

3-14 Answers will vary. Sample answers:

1. Ela vai comprar um livro.
2. Eles vão aprender sobre cultura brasileira.
3. Eles vão dançar.
4. Nós vamos tomar café.
5. Eu vou dormir.

3-15

1. Às sete e meia.
2. Vou, sim. Com Maria.
3. Telefono, sim
4. Para a Europa.
5. Infelizmente não podemos.

3-16 Answers will vary. Sample answers:

Às cinco e meia da tarde trabalho na livraria.

Às onze e meia da manhã assisto um filme na televisão.

Às nove da noite como comida mexicana.

3-17 verdadeiro: 3, 5
falso: 1, 2, 4

3-18

1. temos
2. temos
3. tenho
4. temos
5. têm
6. tem

3-19

1. 230
2. 465
3. 849
4. 712
5. 974
6. 655

3-20

Nordeste

Rio Grande do Norte, Paraíba, Piauí, Pernambuco

573 km

610 km

entre 24° e 30° C

3-21

1. para
2. pelo
3. por
4. para
5. para

3-22

1. para
2. pelas
3. para
4. para
5. pela
6. para
7. pelo

3-23 Answers will vary. Sample answers:

1. Uma marca de café.
2. Fresco, incomparável e estimulante.
3. *O moreno* é amigo inseparável nos bons e nos maus momentos.
4. Feliz.
5. Café Pilão.
6. Tomo de manhã.

3-24 Answers will vary.

3-25 Answers will vary.

3-26 Answers will vary.

3-27

verdadeiro: 1, 3, 5, 7, 8, 9
falso: 2, 4, 6, 10

LABORATÓRIO

3-28

Descrição 1
verdadeiro: 3, 5 falso: 1, 2, 4
Descrição 2
verdadeiro: 1, 3, 5 falso: 2, 4

3-29 Answers will vary. Sample answers:

1. Escuto, sim.
2. Não, não danço, não.
3. Tomo, sim.
4. Não, não converso, não.
5. Nado, sim.

3-30 verdadeiro: 2, 5 falso: 1, 3, 4, 6

3-31 Answers will vary.

3-32

1. peixe, batatas
2. presunto, queijo
3. alface, tomates
4. suco de laranja, arroz
5. leite, cereal
6. frango, legumes
7. café, pão
8. sorvete, frutas

3-33 Answers provided in corresponding audio recording.

3-34 Answers provided in corresponding audio recording.

3-35 Answers provided in corresponding audio recording.

3-36

1. S, 15
2. S, 16
3. S, 11
4. Q, 13
5. T, 12
6. Q, 14

3-37 Answers provided in corresponding audio recording.

3-38

1. verdadeiro: 2, 3, 5; falso: 1, 4
2. verdadeiro: 2, 3, 4; falso: 1, 5

3-39

1. 287
2. 504
3. 213
4. 704
5. 1.000

3-40

1. 189
2. 293
3. 410
4. 577
5. 886
6. 764
7. 945
8. 638
9. 1.900
10. 1.000.000

3-41

1. para
2. por
3. pela
4. para

3-42 Answers may vary

Resposta: Para o Ceará.
Pergunta: Quanto tempo vão ficar lá?
Resposta: A viagem custa $2,500 dólares.
Pergunta: Como é a comida nordestina?
Resposta: O Cauã.
Resposta: 667-3245.

VÍDEO

3-43

1. d
2. c
3. e
4. b
5. a

3-44

1. verdadeiro
2. falso. Juliana vai numa boate com amigos e depois, no dia seguinte, vai comer fondue porque é inverno e no inverno eles gostam de ir a lugares frios para comer fondue.
3. Answers will vary.

3-45

1. inteligente, trama, homem musculoso não
2. biografias, cinema nacional
3. pornografia não
4. água com açucar, românticos, chorar
5. eclético, aventura
6. todos os tipos
7. Answers will vary

3-46

1. é, não gosta
2. não vai, sempre ia
3. tem, é, adora, é
4. gosta
5. não é, gosta, não é
6. adora, não sai, não pode
7. É difícil, não goste, dançam
8. Answers will vary.

LIÇÃO 4

PRÁTICA

4-1

1. b
2. d
3. e
4. a
5. c

4-2

1. irmã
2. primos
3. pai
4. mãe
5. avós
6. neto
7. tio
8. filha

4-3

1. Economia
2. Sueli Borges Ribeiro
3. pai
4. D. Elvira
5. filhos
6. cem

4-4 Answers will vary. Sample answers:

1. Minha família é pequena.
2. Há quatro pessoas.
3. Tenho um irmão.
4. Meu irmão tem dezoito anos. Eu tenho vinte anos.
5. Meu pai trabalha em um banco. Minha mãe trabalha na universidade.
6. Eles moram em Atlanta.
7. Sou solteira.
8. Não tenho filhos.

4-5 Answers will vary. Sample answers:

1. Eu peço bife, mas meu irmão pede salada.
2. Minha prima prefere cerveja, mas eu prefiro água mineral.
3. Meu pai sugere feijoada, mas minha mãe pede peixe.
4. Eu e minha irmã preferimos frango, mas nossa avó pede massa com molho de tomate.
5. Meu tio sugere salada, mas eu peço sopa.
6. Eu sugiro sorvete, mas minha tia prefere frutas.

4-6 Answers will vary, but should contain the following verb forms:

1. pode
2. pode
3. posso
4. pode
5. podemos
6. pode

4-7 Answers will vary, but should contain the following forms:

1. durmo
2. dormem
3. dorme
4. dormem
5. dormimos

4-8 Answers will vary. Sample answers:

1. Faço/Sirvo...
2. Peço a comida.
3. Durmo nove horas.
4. Sigo o conselho.
5. Repito a pergunta.

4-9 Answers will vary.

4-10 Answers will vary. Sample answers:

1. De manhã, normalmente tomo café.
2. Freqüentemente falo com meus amigos à noite.
3. Raramente durmo à tarde.
4. Meus amigos vão à discoteca regularmente.
5. Gosto de andar rapidamente.
6. Vou para a universidade relativamente cedo.

4-11 Answers will vary.

4-12

1. saem
2. diz
3. faz
4. saio
5. faço
6. ponho
7. digo
8. traz
9. põe
10. pomos

4-13 Answers will vary, but should contain the following verb forms:

1. faço
2. saio
3. ponho
4. trago
5. saio

4-14

1. faço
2. faz
3. Faço
4. trago
5. trazemos
6. digo
7. digo

4-15 Answers will vary. Sample answers:

1. Faz dez anos que faço ginástica.
2. Há seis meses que quero comprar um computador novo.
3. Não durmo 10 horas faz três semanas.
4. Não tenho tempo para ler minha revista preferida há dois meses.
5. Saio com Alberto faz um ano.
6. Faz três dias que não ouço música brasileira.

4-16

1. dormiu
2. assistiu, tomou
3. foi, estudou
4. preparou, serviu
5. saiu, foram

4-17 Answers will vary, but should contain the following verb forms:

1. dormi
2. saí
3. comi
4. assisti
5. trabalhei
6. ...

4-18 Answers will vary.

4-19 Answers may vary.

1. O Clube da Terceira Idade.
2. Devem ter mais de 60 anos.
3. São felizes e vivem mais.
4. As pessoas podem fazer hidromassagem e ginástica, ir a festas e celebrações.
5. Turismo para a terceira idade.
6. Agência de Turismo Sênior.
7. A agência oferece viagens aéreas e de ônibus para lugares interessantes com preços reduzidos para os idosos.
8. A Sênior oferece refeições que consideram as necessidades alimentares dos clientes.
9. Os participantes podem beber água mineral e sucos sem açúcar.

4-20

1. interessantes
2. reduzidos
3. dominantes
4. acompanhadas
5. alimentares
6. aposentada

4-21 Answers will vary.

4-22 Answers will vary.

4-23

1. b
2. a
3. b
4. a
5. c
6. c
7. b
8. c

4-24

1. maior
2. menor
3. Yanomami/Katukina/Tukano
4. jacarés/peixes-boi/sucuris
5. surfistas
6. altas/grandes
7. cinco
8. maior

LABORATÓRIO

4-25

1. Antônio
2. Judite
3. D. Gertrudes
4. Lourdes
5. Pedro
6. Nuno
7. João
8. Sandra

4-26

1. dois avôs
2. onze primas
3. um padrasto
4. dois meios-irmãos
5. dez tios
6. três irmãs
7. sete tias
8. cinco primos

4-27

1. pai
2. irmão mais velho
3. primo
4. irmão mais novo
5. tia
6. mãe

4-28

Sim: 1, 5 Não: 2, 3, 4

4-29 Answers may vary.

Ernesto Schlosser/diretor da Biblioteca Nacional/ocupado
Ângela/mãe
Pedro/irmão/médico
Cristina/namorada de Pedro/muito jovem/estudante de Medicina
Ester/irmã/em uma boutique no Barra Shopping
Diogo/preguiçoso
Conrado/avô/70 anos/não trabalha/ativo
Leonor/avó/não trabalha/calma

4-30 Answers provided in corresponding audio recording.

4-31 Answers provided in corresponding audio recording.

4-32 Answers provided in corresponding audio recording.

4-33

1. b
2. c
3. c
4. b
5. a

4-34

1. a
2. c
3. b
4. b

4-35 Answers provided in corresponding audio recording.

4-36

Sim: 1, 3, 4   Não: 2, 5

4-37 Answers provided in corresponding audio recording.

4-38 Answers provided in corresponding audio recording.

4-39

1. oito anos
2. quatro anos
3. seis meses
4. três anos

4-40

Alberto: 2, 5

Cristiano: 1, 3, 4, 6

Alberto e Cristiano: 1, 7

4-41

Sim: 1, 2   Não: 3, 4, 5

4-42 Answers may vary.

o pai: Quer ir à praia.

Paulo: Quer nadar e jogar com amigos.

Sílvia: Quer tomar sol e ler um livro.

a mãe: Quer ler na praia.

os avós: Querem ficar em casa descansando e assistindo televisão.

VÍDEO

4-43 Primeiro passo. Answers may vary.

1. marido e filho
2. mãe, irmã mais velha, irmão do meio, não tem pai, tem seis sobrinhos-netos
3. pais separados, uma irmã

Segundo passo. Answers may vary.

1. a. Ele não trabalha, é aposentado.
   b. O filho trabalha e estuda.
   c. A família se reúne aos domingos de manhã.
   d. Eles lêem o jornal (e discutem sobre os assuntos que estão no jornal).
2. a. Não, ele nasceu em casa, no Vigário Geral (porque a avó dele era parteira).
   b. Rogério nasceu no ano de 1971 (na noite mais fria do ano).
3. a. Mariana vive com a mãe.
   b. O pai mora em Teresópolis.
   c. A irmã mora com o pai.
   d. Eles tentam almoçar juntos, fazer festas ou churrascos.

Terceiro passo. Answers will vary.

4-44

Primeiro passo

verdadeiro: 3, 5, 7, 8   falso: 1, 2, 4, 6

Segundo passo. Answers will vary.

4-45

1. típica, heterogeneidade, classes, divórcios, filhos, homogênea, separação, recasamentos
2. alegre, primordial, alegria, dificuldades, problemas, alegria, marca, negros, feijoada
3. típica, sozinha, filhos, chefe, convivo, carentes, casa
4. Answers will vary.

4-46 Answers may vary. Sample answers:

1. a. é o homem em relação à casa, em relação a sua própria família.
   b. responsável pela parte financeira da família.
   c. a mulher está no mercado de trabalho; há famílias em que o homem fica em casa cuidando da família e a mulher sai para trabalhar.
2. a. chefe da família
   b. pode ser a chefe da família que traz dinheiro para dentro de casa e sustenta os filhos.
   c. tem a ausência do pai ou a ausência da mãe.
3. Answers will vary.

LIÇÃO 5

PRÁTICA

5-1 Answers may vary.

1. d
2. a
3. d
4. c
5. a, b, c, f
6. e
7. a, b, d
8. f
9. c
10. a, b, d, e

5-2

1. sofá
2. cama
3. poltrona
4. abajur
5. geladeira
6. banheiro
7. jardim
8. toalha
9. cozinha
10. tapete
11. garagem
12. armário

5-3

1. b
2. a
3. d
4. e
5. c

5-4 Answers will vary. Sample answers:

1. As cortinas são brancas e azuis.
2. A mesa da sala de jantar é preta.
3. As plantas são verdes.
4. O sofá é amarelo.
5. A casa é vermelha.

5-5 Answers may vary.

1. d
2. b, f
3. a, b, e

5-6 Answers will vary. Sample answers:

1. lavar a roupa
2. secar a roupa
3. passar o aspirador na casa
4. fazer comida
5. manter as comidas frias
6. lavar a louça
7. assistir a um filme
8. ouvir música
9. ler o jornal
10. jogar o lixo fora

5-7 Answers will vary.

5-8 Answers will vary. Sample answers:

1. Estou comprando um dicionário.
2. Estamos dormindo/lavando roupa/assistindo um filme.
3. Ela está dormindo.
4. Eles estão caminhando e conversando.
5. Nós estamos falando português/escrevendo uma composição.
6. Eles estão cantando e dançando.
7. Você está lendo um livro.
8. Eles estão comendo hambúrguer.

5-9

1. f
2. b
3. d
4. e
5. c
6. a

5-10

1. Ela está preparando o café da manhã.
2. Eu estou arrumando as camas.
3. Ela está passando o aspirador.
4. Ela está limpando os banheiros.
5. Ele está arrumando a sala.
6. Ele está tirando as folhas do jardim.
7. Ela está caminhando com o cachorro.
8. Nós estamos lavando o terraço.

5-11

1. c
2. c
3. a
4. b
5. b

5-12 Answers will vary.

5-13 Answers may vary.

1. Alberto sempre tem muita sorte.
2. Lisa está com pressa porque a aula dela começa às dez.
3. Nós sempre temos muito cuidado na estrada.
4. É uma da tarde e os estudantes estão com fome e com sede.
5. Você não fica com fome quando não almoça?
6. Eu tenho medo do professor de Biologia.

5-14

1. aquele
2. esse
3. estes
4. esses
5. este

5-15

1. isso
2. isto
3. aquilo
4. aquilo
5. isso
6. isto

5-16

1. este
2. nesse
3. destes
4. desses
5. esses
6. estas
7. essas
8. estas
9. nesse
10. essas

5-17

1. O tio Roberto vem mais tarde; ele dá um tapete persa.
2. As sobrinhas Ceci e Lília vêm às sete; elas dão CDs de música clássica
3. Marina e eu vimos mais cedo; nós damos um perfume.
4. Você vem antes das sete; você dá um espelho.
5. As amigas da D. Juliana vêm depois das seis; elas dão uma coleção de filmes em DVD.

5-18

1. lê
2. lêem
3. lemos
4. leio
5. lê; Eu leio...
6. vêem
7. vejo
8. vê
9. vemos
10. vê; Eu vejo...

5-19

1. vejo
2. vemos
3. damos
4. vem
5. dar
6. dá
7. vejo

5-20

1. sei
2. sabe
3. conheço, conhecer
4. conheço
5. sabem
6. sabe

5-21

1. conhece
2. conhecer
3. sabe
4. sei
5. conhece
6. conhecer

5-22 Answers will vary. Sample answers:

1. Eles não sabem lavar roupa.
2. Ele não sabe dançar.
3. Ela não conhece o homem./Ela não sabe quem é o homem.
4. John Foster não sabe falar português./O garçom não sabe falar inglês.
5. Eles não conhecem Nova Iorque.

5-23

1. se levanta
2. se olha
3. se enxuga
4. se veste
5. se deita

5-24 Answers will vary, but should contain the following:

1. Eu me levanto...
2. Eu me levanto.../Eu não me levanto...
3. Eu me visto.../Eu não me visto...
4. Eu me enxugo.../Eu não me enxugo...

5-25 Answers may vary.

1. banco Bancrédito.
2. computador, casa, móveis, pagar os estudos para os filhos
3. R$ 100.000
4. 12 meses, 5 anos
5. sua assinatura

5-26 Answers may vary.

1. Limpe a casa com alegria, planeje a limpeza da sua casa e prepare os produtos de limpeza.
2. É melhor limpar a casa nos fins de semana porque toda a família está em casa e pode ajudar na limpeza.
3. As crianças podem tirar o lixo do banheiro e guardar as roupas nos armários.
4. Porque todos têm mais energia e podem limpar melhor.
5. Answers will vary.

5-27

1. limpeza
2. recomendação
3. alegria

5-28 Answers will vary.

5-29 Answers will vary. Sample answers:

A sala é escura. Recomendo pôr luz artificial.

As paredes estão sujas. Recomendo pintar as paredes.

As janelas estão quebradas. Recomendo janelas novas.

5-30 Answers will vary.

5-31

verdadeiro: 3, 5, 6, 10 falso: 1, 2, 4, 7, 8, 9

LABORATÓRIO

5-32

Sim: 2, 3, 4 Não: 1, 5, 6

5-33 Answers provided in corresponding audio recording.

5-34
sala de estar: sofá, poltrona, mesa e cadeira
cozinha: geladeira e fogão
sala de jantar: mesa e cadeiras
banheiro: máquina de lavar e máquina de secar
quarto: dois armários, cama, mesinha, abajur, televisão, tapete, cortinas e quadro

5-35
Amanda: 4, 5 Tomás: 1, 2, 3, 6

5-36 Answers may vary.
Sílvia:
8:00 dorme; 9:30 arruma a cama e limpa seu quarto; 10:30 assiste televisão; 3:00 arruma a sala, passa o aspirador na casa, limpa o banheiro; 5:30 corre na praia; à noite janta na casa de amigos.

Frederico:
8:00 dorme; 9:30 lê o jornal e toma um café; 10:30 lava seu carro, escuta o rádio; 3:00 joga tênis; 5:30 bebe alguma coisa e conversa com amigos em um café; à noite dança em uma discoteca.

5-37 Answers will vary.

5-38
1. b
2. a
3. c
4. e
5. d

5-39 Answers provided in corresponding audio recording.

5-40
1. está com sono
2. está com fome
3. está com medo
4. está com pressa
5. está com sorte

5-41
Verdadeiro: 2, 3, 4 Falso: 1, 5

5-42 Answers will vary.

5-43
ao lado: 2, 5 perto: 1, 4 longe: 3, 6

5-44 Answers provided in corresponding audio recording.

5-45 Answers provided in corresponding audio recording.

5-46 Answers provided in corresponding audio recording.

5-47
Verdadeiro: 1, 4, 5 Falso: 2, 3, 6, 7

5-48
conhece: 2, 5 sabe: 1, 3, 4

5-49 Answers provided in corresponding audio recording.

5-50
Miguel: 5 Alfredo: 1, 3 Miguel e Alfredo: 2, 4

5-51 Answers provided in corresponding audio recording.

5-52
Verdadeiro: 1, 4, 5 Falso: 2, 3

VÍDEO

5-53
Primeiro passo. Metropolitano, Ipanema, Encantado

Segundo passo. Answers will vary.

5-54 Primeiro passo
1. c
2. d
3. a
4. b

Segundo passo. Answers may vary.
1. Apartamento de três quartos, sala boa e ampla, perto da praia e de tudo.
2. Casa de três andares com salas de estar e jantar grandes e cinco quartos. Cozinha grande, perto da área.
3. Casa com dois quartos, cozinha, banheiro e uma sala.
4. Answers will vary.

5-55
1. verdadeiro: b, d falso: a, c
2. verdadeiro: c, d, f falso: a, b, e, g
3. verdadeiro: a falso: b, c, d, e

5-56 Answers will vary.

LIÇÃO 6

PRÁTICA

6-1
1. b
2. c
3. d
4. e
5. a

6-2 Answers will vary. Sample answers:

1. Ela usa um vestido e sapatos elegantes.
2. José veste um terno e Gabriela usa uma saia e uma blusa.
3. Uso camiseta e calças jeans.
4. Ele veste um casaco, cachecol e luvas.
5. Eles usam biquíni, calção e sandálias.

6-3

1. b
2. b
3. b
4. c
5. c

6-4

1. c
2. a
3. b
4. b
5. a
6. b

6-5

1. Nós chegamos ao hotel de manhã.
2. Alice e Sônia compraram roupas de banho na loja do hotel.
3. Diogo bebeu um suco no bar Copacabana.
4. Você e eu comemos feijoada no restaurante ao lado do hotel.
5. Mary usou um biquíni brasileiro na praia.
6. Todos nós jogamos futebol na praia.

6-6 Answers will vary.

6-7 Answers will vary.

6-8 Answers will vary.

6-9 Answers will vary, but should contain the following verb forms:

1. cheguei
2. fiquei
3. dancei
4. joguei
5. toquei

6-10

1. foi (ser)
2. foram (ir)
3. fui (ir)
4. foi (ser)
5. foi (ir)
6. fomos (ser)

6-11

1. foi
2. fomos
3. foi
4. foi
5. foi
6. foram

6-12

1. Eu a arrumei.
2. Eu as varri.
3. Eu a comprei.
4. Eu os devolvi.
5. Eu o servi.

6-13 Answers may vary, but should contain the following structures:

1. ela os mostrou/não os mostrou
2. ela as vendeu/não as vendeu
3. ela a levou/não a levou
4. ela o vendeu/não o vendeu
5. ela as organizou/não as organizou
6. ela a fechou/não a fechou

6-14

1. me
2. você
3. te
4. me
5. a
6. você
7. te
8. você
9. me
10. te

6-15

1. servi-la
2. vê-lo
3. trazê-lo
4. experimentá-lo
5. trazê-los
6. experimentá-los
7. levá-lo
8. vesti-lo
9. vê-la

6-16 Answers may vary. Possible answers:

1. a, d
2. c, d
3. a, d, e
4. a, b
5. a, b, d, e
6. a, d
7. a, d

6-17

1. por
2. para
3. para
4. para
5. por

6-18

1. para
2. porque
3. por
4. porque
5. para
6. por

6-19 Answers will vary.

6-20

verdadeiro: 2, 3, 4 falso: 1, 5

6-21

1. b
2. c
3. b
4. c
5. a

6-22 Answers may vary.

1. Uma festa no escritório.
2. Uma festa formal.
3. Uma festa informal.

6-23 Answers will vary.

6-24 Answers will vary.

6-25

verdadeiro: 1, 4, 6, 7, 10 falso: 2, 3, 5, 8, 9

LABORATÓRIO

6-26

1. b, d
2. b, c
3. a, c, d
4. a, c

6-27

1. camisa, gravata listrada, terno azul, meias, sapatos pretos
2. camiseta, biquíni, chapéu, sandálias
3. saia, blusa, casaco, sapatos

6-28 Answers provided in corresponding audio recording.

6-29

Verdadeiro: 1, 3 Falso: 2, 4, 5

6-30

Verdadeiro: 1, 2, 6 Falso: 3, 4, 5

6-31 Answers provided in corresponding audio recording.

6-32 Answers provided in corresponding audio recording.

6-33

Verdadeiro: 2, 3, 4 Falso: 1, 5, 6

6-34

1. 1970
2. foi
3. amigo
4. foi
5. foram
6. foi
7. foi
8. foram

6-35 Answers provided in corresponding audio recording.

6-36 Answers provided in corresponding audio recording.

6-37 Answers provided in corresponding audio recording.

6-38 Answers provided in corresponding audio recording.

6-39

1. um disco (de Adriana Calcanhotto), Maria Helena, aniversário
2. um jantar (num restaurante bem legal), os pais (mamãe e papai), aniversário de casamento (24 anos)
3. roupa de batizado e uma pulseira (de ouro), Letícia (sobrinha e afilhada de Norma), batizado

6-40

1. a
2. c
3. a
4. c
5. b

VÍDEO

6-41

Primeiro passo:

1. d, g, i
2. a, e, h, j
3. b, c, f

Segundo passo: Answers will vary.

6-42

Primeiro passo:

1. a, e, h
2. b, f, k
3. c, d, g, i, j

Primeiro passo:

1. jeans
2. blusa
3. saia
4. vestido
5. meias
6. camisa
7. sapato
8. suéter
9. camiseta
10. tênis
11. calção
12. calças
13. sandália
14. luvas

6-43 Chupeta:

1. adoro
2. namorada
3. irmãs
4. esporte
5. vestir
6. ler

Adriana:

1. aniversário
2. procuro
3. durante
4. alguém
5. inusitado

Rogério:

1. livros
2. CDs
3. únicas

Você: Answers will vary.

6-44 Answers may vary.

1. a. Manuela recebeu um cordão do namorado dela.
   b. O pai dela deu um carro de presente para ela quando ela entrou pra faculdade e também porque era (*was*) o aniversário dela.
2. a. Daniel ganhou um violão do pai dele.
   b. Daniel ficou muito feliz porque o pai se sacrificou para comprar o violão para ele, porque ele estava precisando de um violão novo para tocar.
3. a. Mariana recebeu um buquê de rosas do namorado.
4. a. Rogério gostou do colar porque foi dado (*was given*) por um amigo muito especial. Rogério tem um carinho grande por ele.
5. a. Chupeta gostou da sua primeira bicicleta de corrida.
   b. Ele começou a pedalar legal e fazer percursos mais longos e viagens pedalando.
6. Answers will vary.

LIÇÃO 7

PRÁTICA

7-1

1. futebol
2. ciclismo
3. golfe
4. futebol
5. tênis
6. automobilismo

7-2 Answers may vary.

1. pista; pista é de automobilismo, cesta e bola são de basquete.
2. ciclista; ciclista é de ciclismo, nadar e piscina são de natação.
3. assistir; o que os torcedores fazem é assistir, o que os atletas fazem é jogar e correr.
4. estádio; estádio é onde jogamos futebol, raquete e quadra são de tênis.
5. esqui; vôlei e basquete usam bola, esqui não usa bola.

7-3

1. a 2. b 3. b 4. c 5. c

7-4

1. b 2. f 3. a 4. e 5. c 6. d

7-5

1. Ele nos comprou ingressos.
2. Ele lhes dá instruções.
3. Ele lhe passa a bola.
4. Ele lhe explica as regras.
5. Ele lhes dá o troféu.
6. Ela me liga.

7-6 Answers will vary, but should contain the following structures:

1. Vou lhe dar...
2. Vou lhes comprar...
3. Vou te dar...
4. Vou lhe comprar...
5. Vou lhes dar...

7-7

1. Rodrigo viu Guga jogar no torneio Roland Garros.
2. Os torcedores de Guga puderam ver seu ídolo ganhar o grande prêmio.
3. Muitos brasileiros puseram bandeiras do Brasil em seus carros depois do jogo.
4. No Brasil, todo mundo soube da notícia da vitória na mesma hora.
5. O presidente do Brasil quis dar os parabéns a Guga pessoalmente.

7-8 Answers will vary.

7-9 Answers may vary.

1. De manhã, Carlos e José fizeram atletismo às sete, depois estiveram na universidade das nove às dez e também souberam o resultado do teste.
2. À tarde, Iracema pôs as tarefas em dia, depois esteve na biblioteca das duas e meia às cinco e deu o livro de Português a Isabel.
3. À tarde, Carlos e José tiveram uma aula de Matemática, viram o professor de Biologia às três e disseram a Rita que vão chegar tarde.
4. À noite, Iracema veio com o Carlos à festa da Rita, deu um presente de aniversário a Rita e esteve na festa até as onze da noite.
5. À noite, os dois amigos vieram à festa com as namoradas, puseram músicas brasileiras para dançar e estiveram na festa até a meia-noite.

7-10

1. fui
2. estive
3. pude
4. fizemos
5. estivemos
6. foram
7. fizeram
8. Fez
9. disseram
10. foi

7-11

1. b
2. c
3. a or d
4. e
5. a or d
6. Answers will vary.

7-12 Answers may vary.

1. Antes eu não nadava todas as semanas.
2. Antes minha mãe me telefonava todos os dias.
3. Antes meus irmãos não estudavam na mesma universidade que eu.
4. Antes eu não tinha um treinador de tênis.
5. Antes meu pai não vinha ver jogos de futebol americano na minha universidade.
6. Antes minha irmã não fazia esportes.

7-13 Answers will vary.

7-14

1. Eram, abriram
2. choveu or chovia, estava
3. havia, vieram or vinham
4. esperavam, formaram
5. era, fez
6. decidiu, gritava
7. recomeçou, estava
8. houve, ganhou

7-15

1. era
2. fui
3. cheguei
4. fazia
5. descansei
6. estava
7. decidimos
8. queríamos
9. vi
10. comemos

7-16

1. Faz um ano que a família Rodrigues foi a Foz do Iguaçu./A família Rodrigues foi a Foz do Iguaçu faz um ano.
2. Faz um mês que eu assisti um espetáculo de balé no Teatro Castro Alves./Eu assisti um espetáculo de balé no Teatro Castro Alves faz um mês.
3. Faz _____ anos que Irene e eu visitamos o Museu de Arte Moderna da Bahia./Irene e eu visitamos o Museu de Arte Moderna da Bahia faz _____ anos.
4. Faz dois dias que Clóvis e Rosa Maria fizeram capoeira com os amigos baianos./Clóvis e Rosa Maria fizeram capoeira com os amigos baianos faz dois dias.
5. Faz _____ meses que nós vimos um jogo de futebol no Maracanã./Nós vimos um jogo de futebol no Maracanã faz _____ meses.

7-17 Answers will vary.

7-18 Answers will vary.

7-19 Answers may vary.

1. sessenta dias
2. individuais e em grupo
3. crianças e jovens (dedicados e pacientes)
4. Os professores são formados e experientes.
5. As crianças aprendem a se defender, ganham segurança e boa preparação física.

7-20
verdadeiro: 3, 5, 7 falso: 1, 2, 4, 6

7-21 Answers will vary.

7-22 Answers will vary.

7-23

1. Alentejo, Algarve
2. cúpulas redondas, paredes caiadas de branco
3. agrícola, turismo
4. azeite (de oliveira), cortiça
5. Évora

7-24
verdadeiro: 1, 2, 3, 7 falso: 4, 5, 6, 8

LABORATÓRIO

7-25

1. esqui
2. tênis
3. futebol

7-26
verdadeiro: 3, 5, 6 falso: 1, 2, 4, 7, 8

7-27 Answers will vary.

7-28
Rosa, um dicionário, uma livraria
os irmãos dele, ingressos para o Maracanã, **(pela) Internet**
Helena, **uma raquete, uma loja de esportes**
Rita, óculos de sol, uma boutique

7-29 Answers provided in corresponding audio recording.

7-30 Answers provided in corresponding audio recording.

7-31 Answers provided in corresponding audio recording.

7-32 Answers provided in corresponding audio recording.

7-33
verdadeiro: 2, 3, 4 falso: 1, 5, 6

7-34 Answers provided in corresponding audio recording.

7-35 Answers provided in corresponding audio recording.

7-36 Answers provided in corresponding audio recording.

7-37

1. A família imigrou para o Brasil.
2. Olga Schlosser, a avó de Guga, vinha de uma família alemã.
3. Aos 12 anos, o pai de Guga jogava basquete.
4. Rafael, o irmão mais velho de Guga, nasceu (*was born*) em 1973.
5. Guga nasceu em Santa Catarina.
6. Guga costumava acompanhar os pais ao clube de tênis.
7. No início, Guga praticava tênis com sua família.
8. A família de Guga encorajou sua carreira desde o início.
9. Larri Passos foi um treinador maravilhoso para a carreira de Guga.
10. Guga ganhou o torneio Roland Garros em 1997, 2000 e 2001
11. A mãe de Guga gostava e ainda gosta de assistir os campeonatos de seu filho.

7-38 Answers may vary.

Ação terminada: Ela saiu mais tarde./Verônica telefonou./Mariana não levou o equipamento./Ela teve que voltar para casa./Ela perdeu mais tempo./Ela chegou ao ponto de ônibus./Um carro parou./Uma voz lhe falou./Elas chegaram ao Centro de Esportes às nove e quinze.

Ação habitual: Ela saía de casa cedo./Ela sempre ia de ônibus./Ela pegava um táxi./Ela não gostava de deixar a treinadora e as colegas esperando./Paulina ia para o treino.

Descrição: Chovia e ventava muito./Mariana estava com muita pressa./A fila estava enorme./Não havia táxi./Ela estava preocupada./Era sua amiga Paulina./Paulina podia levá-la./Havia muito trânsito.

7-39 Answers will vary. Sample answers:

1. foi para o Lago de Furnas e o tempo lá estava muito ruim.
2. sabia que podia passar o fim de semana na praia tomando sol.
3. acha que a previsão foi para a região errada porque no Lago de Furnas não parou de chover.
4. o lago estava com ondas super altas, Anita quase não saiu do hotel e voltou para o Rio mais cedo.
5. aproveitar um pouco da praia.

7-40 Answers provided in corresponding audio recording.

7-41

verdadeiro: 3, 5, 7, 8   falso: 1, 2, 4, 6

7-42

1. um tempo maravilhoso
2. queria
3. estádio
4. tinha
5. decidiu assistir o jogo
6. deu
7. saiu
8. chegar

VÍDEO

7-43

Primeiro passo:

1. c, d, h, m, o
2. g, l
3. b, e, j, n
4. a, f, i, k

Segundo passo: Answers will vary.

7-44

1. Guga, Ayrton Senna
2. gosta muito de, ginástica olímpica
3. esportivamente, pessoa, exemplo, um grande homem
4. Answers will vary.

7-45

1. verdadeiro: b, c   falso: a, d
2. verdadeiro: a, b, c   falso: d
3. verdadeiro: a, d   falso: b, c
4. verdadeiro: b, c   falso: a
5. verdadeiro: a, d   falso: b, c
6. (a and b): Answers will vary.

LIÇÃO 8

PRÁTICA

8-1

1. f
2. e
3. c
4. b
5. a
6. d

8-2

1. Independência
2. Natal
3. Graças
4. Carnaval
5. Novo
6. santo

8-3 Answers will vary.

8-4 Answers will vary.

8-5 Answers will vary. Sample answers:

1. Faço mais esportes que minha irmã.
2. Vou a menos festas do que meu amigo Paul.
3. Sou mais otimista do que meu avô.
4. Comemoro mais feriados que a família do Paul.
5. Compro presentes menos caros do que meus pais.
6. Como mais frutas e verduras do que minha amiga Lila.

8-6

1. mais de
2. mais de
3. menos de
4. Answers will vary.
5. Answers will vary.

8-7 Answers will vary.

8-8 Answers will vary.

8-9 Answers will vary. Sample answers:

1. O Brasil é maior do que Angola./Moçambique é menor do que Angola.
2. James Bond é melhor do que o Super-Homem./ O Homem Aranha é pior que o Super-Homem.
3. O Rio Delaware é menor que o Rio Amazonas./ O Rio Amazonas é maior do que o Rio São Francisco.
4. O verão é melhor do que o inverno./O inverno é pior do que a primavera.

8-10 Answers will vary. Sample answers:

1. A música brasileira é tão bonita quanto a música cubana.
2. O Natal é tão importante como o Chanuká em minha família.
3. Há tantas comemorações no Brasil quanto nos Estados Unidos.
4. Eu gosto tanto do Dia de Ação de Graças quanto do meu aniversário.
5. As crianças ganham tantos presentes no Natal quanto no aniversário.

8-11 Answers will vary, but should contain the following structures:

1. Sou/Não sou tão interessante quanto/como...
2. Jogo/Não jogo futebol tão bem quanto/como...
3. Tenho/Não tenho tanto dinheiro quanto/como...
4. Sou/Não sou tão alto/a quanto/como...
5. Canto/Não canto tão bem quanto/como...
6. Recebo/Não recebo tantos convites para festas quanto/como...

8-12 Answers will vary.

8-13 Answers will vary.

8-14

1. baratíssima
2. a melhor
3. fresquíssimo
4. geladíssimo
5. belíssimos
6. famosíssimo
7. as mais famosas
8. os mais caros
9. ótima
10. super baratos

8-15

1. Seu Jorge é o mais velho dos três.
2. Sidney é o mais alto dos três.
3. Isabel é a mais baixa dos três.
4. Sidney é o mais gordo dos três.
5. Isabel é a mais magra dos três.

8-16

1. comigo
2. sem mim
3. conosco
4. com você
5. para mim
6. com ele
7. de mim/dela

8-17 Answers will vary, but should contain the following expressions:

1. comigo
2. a casa dela
3. para você
4. com eles
5. com você

8-18 Answers may vary.

1. se chama
2. se divertir
3. me preocupo
4. se preocupam
5. se sente
6. se levanta
7. me levanto
8. nos levantamos
9. se vestir
10. se concentra
11. nos divertimos
12. nos lembramos

8-19 Answers will vary.

8-20

religioso: 2, 4, 9, 11
não religioso: 1, 3, 6, 7, 8, 10, 12
pessoal: 5

8-21 Some answers will vary.

1. Dia de Nossa Senhora Aparecida (12 de outubro), o Natal (25 de dezembro)
2. um fim de semana prolongado
3. Sample answer: O Dia do Descobrimento do Brasil (22 de abril), o Dia da Independência (7 de setembro)
4. São Paulo, Salvador, Recife

8-22

verdadeiro: 2, 4, 6, 8 falso: 1, 3, 5, 7

8-23 Answers will vary.

8-24 Answers will vary.

8-25

verdadeiro: 1, 2, 4, 5, 8, 9, 12, 15
falso: 3, 6, 7, 9, 10, 11, 13, 14

LABORATÓRIO

8-26

1. a
2. c
3. b
4. c

8-27 Answers will vary.

8-28

1. Brasil
2. São Paulo
3. Festival de Inverno
4. rodeio
5. vaqueiros
6. sertaneja
7. pessoas
8. caipiras
9. rurais

8-29

Verdadeiro: 1, 3, 4, 5 Falso: 2, 6

8-30

André Pelozzi: 22 anos/mais experiência/mais de 80 kg/2,04 m

Roberto Freitas: 19 anos/menos experiência/70 kg/ 1,98 m

1. 22/19/mais alto
2. mais/do que
3. menos/do que
4. menos/do que

8-31 Answers provided in corresponding audio recording.

8-32

Verdadeiro: 1, 4, 5, 8 Falso: 2, 3, 6, 7

8-33 Answers provided in corresponding audio recording.

8-34 Answers provided in corresponding audio recording.

8-35

o mais popular = Vítor; o menos arrogante = Sérgio;
os mais simpáticos = Vítor e Ângelo;
o mais estudioso = Aurélio; o mais bonitão:
Sérgio ou Ângelo

8-36

1. coloridíssimas
2. lindíssimas
3. antiqüíssima, animadíssimos
4. saborosíssimas
5. animadíssima
6. famosíssimos

8-37 Answers provided in corresponding audio recording.

8-38 Answers provided in corresponding audio recording.

8-39

1. Carla e Fred vão com Lucas.
2. Catarina e Amanda vão com Patrícia.
3. Irene vai com Carlos e Eduardo.

8-40 Answers provided in corresponding audio recording.

8-41 Answers provided in corresponding audio recording.

8-42

1. se divertir
2. vai se deitar
3. estão se vestindo
4. se veste
5. se sentir

8-43

Verdadeiro: 1, 3, 4, 5, 7 Falso: 2, 6, 8, 9

VÍDEO

8-44

1. c
2. d
3. e
4. f
5. a
6. b
7. Answers will vary.

8-45 Answers may vary.

1. a. Na passagem do ano, Rogério geralmente está com a família (mãe, irmã, irmão, sobrinhos).
   b. Ele chora compulsivamente e não sabe por quê.
2. a. Manuela gosta de passar o Réveillon com a família e com pessoas queridas, na Praia de Copacabana ou na Barra vendo os fogos.
   b. A única simpatia da Manuela é pular sete ondinhas.
3. Answers will vary.

8-46

1. costumo	2. cinema
3. românticos	4. paixão
5. começar a	6. japonês
7. quero	8. simpatia
9. namorando	

8-47 Answers may vary.

1. a. É 27 de setembro e se oferece doce às crianças.
   b. Depois que a avó do Rogério morreu, essa tradição se extinguiu da família porque a mãe dele não é mais católica, é evangélica e não comemora São Cosme e São Damião.
   c. Das festas religiosas só restou mesmo o Natal.
2. a. Ela assiste a missa no dia de Nossa Senhora Aparecida.
3. a. A família da Adriana é de base católica e as pessoas vão à igreja.
   b. Adriana não vê sua família como sendo muito religiosa.
4. a. Answers will vary.

LIÇÃO 9

PRÁTICA

9-1

1. uma loja	2. um laboratório
3. um hospital	4. um carro
5. um banco	6. uma casa

9-2

1. psicólogo/a
2. advogado/a
3. garçom/garçonete
4. ator/atriz
5. professor

9-3

1. policial	2. encanador/a
3. cabeleireiro/a	4. intérprete
5. caixa	6. médico/a

9-4 Answers will vary.

9-5

1. b	2. a
3. b	4. b
5. a	

9-6 Answers will vary. Sample answers:

1. Faz-se comida.
2. Fala-se com clientes.
3. Escrevem-se notícias e artigos.
4. Compram-se roupas.
5. Assistem-se filmes.
6. Nada-se e toma-se sol.

9-7 Answers may vary.

1. Vende-se equipamento de tênis.
2. Vende-se escritório.
3. Consertam-se eletrodomésticos.
4. Vende-se computador.
5. Lavam-se tapetes e carpetes.

9-8 Answers will vary.

9-9

1. queria, pôde
2. conheceu, conheciam/conheceram
3. soube, telefonou
4. sabia, tinha, trabalhavam

9-10 Answers will vary.

9-11 Answers will vary. Sample answers:

1. Eles iam fazer um modelo do projeto...
2. João ia comprar os materiais...
3. Eles iam pedir ajuda...
4. João ia falar com o técnico...
5. Eles iam acabar tudo até a meia-noite...

9-12

1. D. Gabriela estava preparando um relatório.
2. Alberto e Rosa estavam falando com dois clientes.
3. A secretária estava preparando a reunião de amanhã.
4. Irene estava bebendo um cafezinho no escritório dela.
5. O contador estava fazendo o balanço das contas.

9-13

1. De Angola.
2. Para a Dra. Carla Fernandes.
3. Com o diretor geral.
4. Para fazer as encomendas.
5. Ao Dr. Santos Serra.

6. Com as internacionais.
7. Ao departamento de finanças.
8. Para os clientes.

9-14

1. Qual
2. Quais
3. Que
4. Que
5. Quais
6. Qual
7. Que/Qual
8. Quais

9-15 Answers will vary. Sample answers:

1. Onde você/o senhor/a senhora trabalha atualmente?
2. Com quantas companhias você trabalhou nos últimos 10 anos?
3. De quem são as suas referências?
4. Que línguas você fala?
5. Qual é o salário que você pretende ganhar?
6. Em caso de acidente, para onde devo mandar um aviso?
7. Quais são suas principais preocupações em relação a este emprego?

9-16

1. a
2. b
3. c
4. b
5. a

9-17

1. Não saiam para a rua.
2. Não se deitem no sofá.
3. Não brinquem com o computador.
4. Não escrevam nas paredes.

9-18

1. Durma oito horas.
2. Coma frutas e verduras no almoço.
3. Siga a dieta todos os dias.
4. Não coma hambúrguer.
5. Brinque com seus netos.
6. Não trabalhe mais de seis horas.

9-19

1. Feche, sim.
2. Fique, sim.
3. Traga, sim.
4. Sirva, sim.
5. Leia, sim.

9-20

1. Abra as janelas de manhã.
2. Compre o jornal.
3. Leve o cachorro para dar um passeio.
4. Pegue a correspondência.
5. Feche as portas e janelas à noite.

9-21 Answers will vary.

9-22 Answers may vary.

A.
1. secretária executiva bilíngüe
2. experiência mínima de 4 anos e conhecimentos de processador de texto
3. excelente relacionamento pessoal e boa apresentação
4. Curriculum Vitae, foto recente e pretensão salarial
5. Escritório de Recrutamento Mineiro, Belo Horizonte, Sala 932

B.
1. Falso. Os postos de trabalho são para ambos os sexos.
2. Verdadeiro.
3. Falso. O trabalho não requer tempo integral.
4. Falso. O trabalho exige boa apresentação.
5. Verdadeiro.
6. Falso. O chefe de Recursos Humanos só está disponível das 9 às 13hrs e das 14 às 18hrs.

C.
1. vendedora
2. trinta e cinco anos
3. solteira
4. experiência em programação, boa apresentação e dinamismo, interessada em começar uma carreira em vendas de computadores e em viajar ao exterior
5. conhecimento de línguas
6. curriculum vitae e fotografia
7. Recrutamento IBM, Avenida Marginal 536, Pinheiros, São Paulo SP

9-23 Answers will vary.

9-24 Answers will vary.

9-25 Answers will vary.

9-26

verdadeiro: 3, 5, 6, 8 falso: 1, 2, 4, 7

9-27

1. Ponta Delgada
2. São Miguel
3. sub-tropical
4. montanhas
5. Oceano Atlântico
6. agricultura
7. baleia
8. Rhode Island
9. Massachusetts
10. leite e queijo

LABORATÓRIO

9-28

1. arquiteto
2. intérprete
3. psicóloga
4. médica
5. advogada
6. mecânico

9-29

1. caixa
2. cozinheiro
3. piloto
4. veterinária
5. ator
6. enfermeira

9-30

1. cientista
2. jornalista
3. homem de negócios
4. policial

9-31

verdadeiro: 2, 3, 4 falso: 1, 5

9-32

1. café
2. biblioteca
3. quadra
4. cozinha
5. loja
6. banco

9-33 Answers provided in corresponding audio recording.

9-34

1. conheceu
2. sabe
3. queria, pôde
4. foi
5. conhecia
6. disse

9-35

1. b
2. c
3. d
4. e
5. a

9-36 Answers provided in corresponding audio recording.

9-37

1. c
2. a
3. e
4. b
5. f
6. d

9-38 Answers provided in corresponding audio recording.

9-39 Answers may vary.

1. Qual é a companhia aérea preferida do turista brasileiro?
2. Quais são as melhores qualidades da Aerônia?
3. Quem aprecia o conforto dos aviões da Aerônia?
4. Quem é a melhor publicidade da Aerônia?
5. Qual é o destino mais procurado por nossos clientes?
6. Para quem é o grande prêmio?

9-40

verdadeiro: 1, 3, 4, 6 falso: 2, 5

9-41

verdadeiro: 1, 2, 5 falso: 3, 4

9-42 Answers provided in corresponding audio recording.

9-43 Answers provided in corresponding audio recording.

9-44 Answers provided in corresponding audio recording.

9-45 Answers may vary.

mãe, advogada, cozinhar pratos vegetarianos

pai, arquiteto, esportes

Marília, médica (no futuro), ler livros científicos

9-46

Anita:

profissão: advogada; problema: deixou a carteira em casa; solução: pagou com cartão de crédito

Rogério:

profissão: economista; problemas: 1) carro tinha pouca gasolina; 2) não tinha dinheiro para pagar a conta no restaurante; soluções: 1) pronto-socorro, mecânico; 2) pediu dinheiro a Anita

VÍDEO

9-47

1. c, h
2. a, d, e
3. g, i
4. b, f
5. Answers will vary.

9-48

1. tenho
2. professora
3. curso
4. graduação
5. letras
6. posso
7. adolescentes
8. descobri
9. realizei

9-49 Answers may vary.

1. Caio é ator. O trabalho dele é muito ativo e muito variado. O ator, na opinião dele, é aquele que não gosta de um trabalho burocrático. Ele termina um ensaio, já estreou um espetáculo e logo depois já está ensaiando outro para estrear. Ele já chegou a fazer três espetáculos praticamente ao mesmo tempo. Durante a semana, fazia um espetáculo no Rio de Janeiro. Nos fins de semana, fazia um no Sul e ainda fazia um espetáculo infantil...

   De acordo com ele, era uma doideira. Caio gosta muito dessa atividade, dessa movimentação que o trabalho dele propicia.

2. Sandra é dentista. Tipicamente, seus dias de trabalho são muito tumultuados. Ela chega no consultório todos os dias às oito e meia da manhã e procura parar de trabalhar às seis da tarde. É uma das poucas coisas que ela às vezes fica chateada com a profissão, porque ela não é dona do seu dia e não é dona do horário dela. Ela não pode deixar um paciente com uma provisória, com um dente da frente quebrado, com um dente que caiu, não tem como. Então, às vezes ela planeja de sair cedo, mas acaba saindo tarde por causa desses imprevistos.
3. Adriana é professora. Dia típico de trabalho para ela é dar algumas aulas particulares em Niterói de manhã. Apesar de haver poucos estrangeiros em Niterói, existem alguns. Então, às vezes ela dá uma aula particular de manhã, almoça e precisa sair cedo para a PUC, porque ela mora longe da universidade. Ela dá aula de três até as sete horas da noite e volta para casa. Ela faz isso três vezes por semana, em geral.
4. Answers will vary.

9-50 Answers may vary.

1. Carlos: Complicado, questão social, injusto, as qualificações e as boas oportunidades restritas a uma parcela da população muito pequena.
2. Juliana: Engraçado, falta gente em alguma áreas, na maioria das áreas está sobrando, preocupação grande com o diploma universitário.
3. Dona Sônia: Não tem oportunidade para todo mundo, pessoas não são preparadas para o mercado de hoje, no tempo dela ela arrumou emprego só com primeiro grau, hoje o mínimo para arrumar emprego é o segundo grau; até tem emprego, mas as pessoas não são capacitadas.

LIÇÃO 10

PRÁTICA

10-1

1. e
2. a
3. d
4. b
5. f
6. c

10-2 Answers will vary.

10-3 Answers may vary.

1. a, b
2. d
3. f
4. c
5. e
6. a, d

10-4 Answers will vary.

10-5 Answers will vary.

10-6

1. b
2. c
3. b
4. a
5. c
6. a

10-7

1. Eles querem que eu dê comida ao Max duas vezes por dia.
2. Eles querem que eu brinque com ele todos os dias.
3. Eles querem que eu ande com ele.
4. Eles querem que eu ponha água fresca para o Max todas as manhãs.
5. Eles querem que eu dê banho no cachorro no fim de semana.
6. Eles querem que eu compre biscoitos de cachorro para o Max.

10-8

1. tenham
2. corra
3. cozinha
4. põem
5. chegue
6. comam
7. peça
8. ajude
9. sinta

10-9 Answers will vary. Sample answers:

1. Espero que você durma oito horas esta noite.
2. Prefiro que você coma menos carne vermelha e mais peixe.
3. Preciso que você venha mais cedo para o treino amanhã.
4. Quero que você traga o equipamento para o estádio.
5. Tomara que você jogue bem no sábado.

10-10 Answers will vary.

10-11 Answers will vary.

10-12

1. Eu não acredito/não acho que todos os gaúchos comam carne duas vezes por dia.
2. Eu não acredito que todas as crianças americanas queiram comer hambúrguer todos os dias.
3. Eu não acredito que todos os mexicanos bebam tequila e saibam fazer tortilhas.
4. Eu não acredito que todos os cariocas se fantasiem no carnaval.
5. Eu não acredito que todos os brasileiros adorem feijoada.

10-13 Answers will vary. Sample answers:

1. Acredito que as comidas rápidas têm muita gordura saturada.
2. Acho que é importante ensinar às crianças a seguir uma dieta saudável.
3. Talvez seja necessário financiar projetos de pesquisa sobre a obesidade.
4. É possível que os vegetarianos sejam mais saudáveis do que as pessoas que comem carne.
5. Duvido que os americanos saibam muito sobre as propriedades dos alimentos.

10-14

1. é
2. tenha
3. possam
4. tenha
5. aprendam
6. visitam
7. gostam
8. comprem
9. comam
10. provem
11. voltem

10-15

1. Arruma a cozinha! Não passa horas ao telefone!
2. Serve o jantar! Não sai depois do jantar!
3. Bebam leite com o jantar! Não assistam televisão!
4. Comam os legumes! Não fiquem acordados até tarde!

10-16 Answers will vary.

10-17 Answers will vary.

10-18

A. verdadeiro: 2, 3, 5, 7, 8 falso: 1, 4, 6, 9, 10

B. Answers may vary.
   1. arroz, feijão, carne e verduras
   2. azeite de dendê, leite de coco, inhame
   3. massas, queijos e vinhos
   4. repolho, acelga, brotos de feijão
   5. café
   6. guaraná

C.
   1. cozinha
   2. imigrante
   3. mistura
   4. colonização
   5. adaptação
   6. alimento
   7. variedade
   8. influência
   9. celebração
   10. contribuição
   11. exportação

10-19 Answers will vary.

10-20 Answers will vary.

10-21 Answers will vary.

10-22

verdadeiro: 2, 3, 5, 7, 8, 10 falso: 1, 4, 6, 9

10-23 Answers to 3 and 5 may vary.

1. Luanda
2. (novembro de) 1975
3. petróleo, diamantes, florestas
4. ovimbundo
5. Luandino Vieira, Pepetela, Manuel Rui

LABORATÓRIO

10-24

tomates/alface/ovos/limões/carne

10-25

verdadeiro: 1, 4, 5 falso: 2, 3

10-26

verdadeiro: 1, 2 falso: 3, 4, 5

10-27

1. tablecloth
2. wine bottle
3. fork
4. knife
5. spoon
6. teaspoon
7. napkin
8. glass
9. cup

10-28

verdadeiro: 1, 2, 4 falso: 3, 5, 6

10-29 Answers provided in corresponding audio recording.

10-30 Answers provided in corresponding audio recording.

10-31 Answers provided in corresponding audio recording.

10-32

1. a
2. c
3. a
4. c

10-33

verdadeiro: 2, 3, 4 falso: 1, 5

10-34 Answers provided in corresponding audio recording.

10-35 Answers provided in corresponding audio recording.

10-36

verdadeiro: 2, 4 falso: 1, 3, 5

10-37
1. torta de frango
2. lhe diga quantos amigos vêm para a festa.
3. venham para a festa.
4. é muito alegre.

VÍDEO

10-38
1. c, d, f, g
2. a, h
3. e, i
4. b, j

10-39
1. cebola
2. banana
3. berinjela
4. quiabo
5. empada
6. abóbora

10-40 Answers may vary.
1. Mônica sempre toma o café da manhã e almoça.
2. Ela não janta.
3. Ela toma um café.
4. Manuela faz um lanche de tarde entre o almoço e o jantar.
5. Ela adora o café da manhã.
6. Answers will vary.

10-41 Answers may vary.
1. Caio não gosta de cozinhar todos os dias
2. Rogério sabe fazer feijoada.
3. Caio comeu miojo um ano inteiro porque não sabia cozinhar.
4. Mariana faz capelletti ao molho branco.
5. Answers will vary.

LIÇÃO 11

PRÁTICA

11-1

cabeça: orelha, nariz, testa, cabelo, boca, olho, rosto

tronco: cintura, quadris, ombro, pescoço, peito, costas

membros: joelho, perna, dedo, cotovelo, braço, mão, pé

11-2
1. o sangue
2. o estômago
3. o ouvido
4. as veias
5. os pulmões
6. o pescoço
7. o pulso
8. o cotovelo
9. o joelho
10. os olhos

11-3 Answers will vary.

11-4 Answers will vary.

11-5 Answers will vary.

11-6
1. vá
2. saia
3. é
4. seja
5. estar
6. termine
7. tenham
8. pensem
9. se divirta

11-7
1. Ele gosta que nós caminhemos muito.
2. Ele receia que nós gastemos muito no shopping.
3. Ele está preocupado que nós fiquemos doentes.
4. Ele fica feliz que nós comamos comida saudável.
5. Ele detesta que nós joguemos no computador.

11-8 Answers will vary. Sample answers:
1. Júlia espera que você faça ginástica todos os dias.
2. Meus pais receiam que eu esteja doente.
3. Você se alegra que o tio José saia do hospital.
4. Eu me preocupo que minha avó quebre a perna.
5. Minha irmã fica feliz que eu coma bem.

11-9 Answers will vary but should begin as follows:
1. Tomemos o café da manhã...
2. Limpemos o apartamento...
3. Lavemos a roupa...
4. Comamos fora...
5. Levantemo-nos...
6. Joguemos baralho...

11-10 Answers will vary.

11-11
1. Jorge vai trocar pratos de carne por produtos feitos com soja.
2. Jorge vai trocar café por chás de ervas naturais.
3. Jorge vai trocar batata frita por arroz e verduras.
4. Jorge vai trocar o médico da clínica universitária por um acupunturista.
5. Jorge vai trocar frutas com pesticidas por frutas orgânicas.

11-12
1. por
2. para
3. para
4. para
5. para
6. pelos
7. para
8. para
9. pelo
10. para

11-13
1. pelas
2. por
3. por
4. para, por

5. para, por
6. para
7. para
8. pelo, pela, para
9. por, para

11-14 Answers will vary.

11-15 Answers will vary.

11-16
1. que
2. que
3. quem
4. que
5. quem

11-17
1. Este é meu irmão que trabalha na Argentina.
2. Esta é minha tia de quem gosto muito.
3. Estes são meus primos com quem fui a Paris no ano passado.
4. Este é meu primo que vai estudar nos Estados Unidos este ano.
5. Estas são minhas tias para quem comprei presentes na semana passada.

11-18
1. o pão integral
2. o peixe grelhado
3. a mostarda
4. uma laranja
5. o azeite
6. o iogurte

11-19
verdadeiro: 1, 3, 5
falso: 2 (As carnes que têm menos colesterol são o coelho e as aves sem pele.)
4 (A gema tem um alto nível de colesterol.)
6 (O sal e o álcool em excesso têm efeitos negativos no organismo.)

11-20
1. b
2. a
3. b
4. c

11-21 Answers will vary.

11-22 Answers may vary.
1. Uma criança obesa tem mais probabilidades de tornar-se um adulto obeso.
2. Diminuindo o consumo de açúcar e de gorduras.
3. a. em saladas, massas, purês e outros pratos
   b. escolhendo iogurtes naturais e acrescentando pedaços de frutas frescas da temporada.

11-23 Answers will vary.

11-24
verdadeiro: 1, 4, 6, 7, 10 falso: 2, 3, 5, 8, 9, 11, 12

LABORATÓRIO

11-25
1. a
2. a
3. c

11-26
verdadeiro: 1, 5 falso: 2, 3, 4

11-27
bom: 1, 2, 5, 8 ruim: 3, 4, 6, 7

11-28 Answers may vary.
1. o farmacêutico (o Sr. Pelegrini)
2. umas vitaminas mais fortes
3. Forvital 500
4. Forvital 500 (as vitaminas que o farmacêutico recomendou)

11-29 Answers may vary.
1. e, h
2. f
3. g
4. a
5. d
6. c
7. b

11-30 Answers may vary.
Maria Isabel está contente que Antônio esteja melhor/possa jogar nos jogos mais importantes.
Maria Isabel sente muito que Antônio tenha dor no joelho/não possa jogar este sábado.

11-31
verdadeiro: 1, 2, 3, 5 falso: 4

11-32
verdadeiro: 1, 3 falso: 2, 4, 5

11-33
1. pelo
2. Para
3. para, para
4. pelas
5. para
6. para

11-34 Answers provided in corresponding audio recording.

11-35 Answers provided in corresponding audio recording.

11-36 Answers provided in corresponding audio recording.

11-37
verdadeiro: 1, 5 falso: 2, 3, 4

11-38

1. a
2. c
3. a
4. c
5. b

11-39 Answers may vary.

Marina: cedo/bem saudável, refeições no horário certo, só come frutas entre refeições/corre, gosta de vôlei/esportes, música popular brasileira, cinema

Bárbara: tarde/vegetariana, sopas, verduras e frutas/natação/ler, ouvir música clássica, assistir TV

VÍDEO

11-40

1. regularmente, exames, tenha, agravar
2. alimentação, aeróbico, profissão, possa, sintoma, apareça
3. riqueza, cardiologista, pressão, colesterol
4. prejudicial, fumante
5. Answers will vary.

11-41 Answers may vary.

A. 1. açúcar
   2. cerveja
   3. dificilmente, ele fica gripado uma vez por ano
   4. oftalmologista
   5. Answers will vary.

B. 1. gordura
   2. de segunda a sexta
   3. adoçante
   4. Answers will vary.

C. 1. refrigerantes
   2. Ela tem medo de engordar porque vem de uma família de gordos.
   3. qualquer dieta extremista
   4. Ela acha que está todo mundo suado ali dentro.
   5. Ela caminha na orla.
   6. Answers will vary.

D. 1. Ela vem do sul. As pessoas do sul comem muita carne vermelha.
   2. carne vermelha
   3. justamente por comer carne vermelha
   4. Ela sente falta da carne vermelha porque faz parte da educação dela como gaúcha.
   5. Não, ela acha que o que tiver que ser, vai ser.
   6. Answers will vary.

E. Answers will vary.

11-42 Answers may vary.

1. Juliana toma chazinho da vovó. Ela também toma chá de hortelã e de boldo.
2. Adriana faz acunpuntura há 11 anos. Ela se curou de uma alergia respiratória com homeopatia. A mãe dela acha que o que curou Adriana de asma foi uma simpatia, pastilhas que continham uma erva da África e que ela tomava de acordo com as fases da lua.
3. Answers will vary.

LIÇÃO 12

PRÁTICA

12-1

1. e
2. c
3. a
4. b
5. d

12-2

1. o passaporte
2. o cartão de embarque
3. os cheques de viagem
4. a alfândega
5. a passagem de ida e volta

12-3

1. bagageiro
2. volante
3. cinto de segurança
4. motor
5. pára-brisas
6. gasolina
7. pneus

12-4

1. Lavei o carro.
2. Passei o aspirador nos bancos.
3. Limpei o bagageiro.
4. Troquei o óleo.
5. Pus ar nos pneus.
6. Enchi o tanque de gasolina.

12-5

1. um quarto simples
2. a recepção
3. a chave
4. o cofre
5. fazer uma reserva/reservar

12-6
1. telefone
2. carta
3. envelope
4. correio
5. um selo/selos
6. caixa de correio

12-7 Answers will vary.

12-8
1. No aeroporto ninguém ajudou os passageiros.
2. Não provamos nenhum prato regional.
3. Também não visitamos a floresta.
4. Não conhecemos nenhum lugar interessante.
5. Nada deu certo durante a viagem.

12-9
1. Aqui a comida nunca é boa.
2. Nenhum garçom e nenhuma garçonete é amável.
3. Eles também não servem (nada) bem.
4. Nenhuma pessoa famosa vem a este restaurante.
5. Este restaurante nunca está cheio.

12-10 Answers will vary.

12-11 Answers will vary.

12-12 Answers will vary. Sample answers:
1. Não conheço muitos restaurantes no campus que sirvam comida chinesa.
2. O/A reitor/a da universidade procura alguém que dê dinheiro para a universidade.
3. Temos muitos professores que ensinam línguas estrangeiras.
4. Conheço alguns estudantes que moram na universidade.
5. Não há muitos prédios que sejam muito modernos.
6. Precisamos de professores que sejam competentes e pacientes.

12-13 Answers will vary. Sample answers:
1. Tem muitos navios que são grandes e modernos.
2. Este é o navio que sai de Santos.
3. Os clientes sempre procuram cruzeiros que tenham navios com piscina e shows à noite.
4. Eles desejam um camarote que tenha janela ou varanda.
5. Eles preferem um navio que passe por Parati e Angra dos Reis.

12-14 Answers will vary.

12-15
1. tenha
2. haja
3. seja
4. faça
5. prefira

12-16
1. Compro um carro para que você possa procurar um emprego.
2. Compro um carro para que você não me peça sempre o meu.
3. Compro um carro para que você não perca tempo esperando o ônibus.
4. Compro um carro para que você leve seus amigos à praia.
5. Compro um carro para que você traga as compras do supermercado.

12-17
1. faça
2. dê
3. esteja
4. atrase
5. haja

12-18 Answers will vary.

12-19
1. sentasse
2. procurasse/reservasse
3. ficasse
4. reservasse
5. procurasse
6. fizesse
7. pagasse
8. cancelasse

12-20 Answers will vary.

12-21 Answers will vary. Sample answers:
1. Não permiti que meus pais cancelassem a viagem da nossa família para o Havaí.
2. Queria que minha amiga me convidasse para fazer um cruzeiro com ela.
3. Não acreditei que meu primo ganhasse cinco milhões de dólares na loteria.
4. Adorei que meu pai fizesse uma reserva para mim em um hotel cinco estrelas.
5. Senti muito que meus amigos tivessem um acidente de carro.
6. Fiquei feliz que meu professor de Matemática dissesse que eu era um gênio.

12-22
1. Compro a passagem para a viagem.
2. Arrumo as malas.
3. Tomo um táxi para o aeroporto.

4. Faço check-in.
5. Vou para a sala de espera.
6. Entro no avião.
7. Procuro o meu assento.
8. Peço uma revista para a comissária de bordo.

12-23

1. faça
2. coloquem
3. respeitar
4. ultrapasse
5. dirijam
6. use

12-24 Answers will vary.

12-25 Answers may vary.

Para o trabalho: salas pequenas para reuniões, salas com computador e projetor para até 50 pessoas, internet, amplo estacionamento, ônibus executivo do aeroporto ao hotel

Para o lazer: TV a cabo, jardins, sala para ginástica, sauna, mesas de bilhar e pingue-pongue

Para as crianças: TV a cabo, sala de jogos, internet, piscina, mesas de pingue-pongue

12-26 Answers will vary.

12-27

1. Oceano Índico
2. 20 milhões (de habitantes)
3. Maputo
4. português
5. Maputo
6. imperador
7. Açores
8. 1975
9. guerra civil
10. leões (*or*: leopardos, elefantes, hipopótamos, antílopes)
11. leopardos (*or*: leões, elefantes, hipopótamos, antílopes)
12. ecossistemas
13. gastronomia
14. escritora
15. pintor

LABORATÓRIO

12-28

1. o trem
2. a bicicleta
3. o avião
4. o carro
5. o barco
6. o ônibus
7. a motocicleta
8. o caminhão

12-29

1. 120, Manaus, 10
2. 969, Lisboa, 18A
3. 1048, Nova Iorque, 22
4. 340, Buenos Aires, 30C
5. 65, Belo Horizonte, 12

12-30 Answers may vary.

1. Yucatán (México); nadar, passear de barco; Antropologia
2. Salvador da Bahia; ir à praia, explorar fortes, jogar capoeira; História
3. Nova Iorque (Estados Unidos); correr na maratona, visitar Chinatown; Chinês
4. Serra da Estrela (Portugal); esquiar, visitar igrejas e castelos; História da Arte
5. Pantanal do Mato Grosso; fazer ecoturismo, andar a cavalo; Biologia

12-31

1. balcão da companhia aérea (no aeroporto)
2. no corredor
3. na janela
4. uma mala
5. o (número) 22

12-32

verdadeiro: 2, 4, 5 falso: 1, 3, 6

12-33

1. reserva
2. duplo
3. o número
4. esteve
5. João Cunha
6. formulário
7. a bagagem

12-34

verdadeiro: 2, 4 falso: 1, 3, 5

12-35

1. engine
2. radiator
3. steering wheel
4. bumper
5. safety belt
6. windshield
7. trunk
8. wheel

12-36

1. b
2. b
3. a
4. b
5. c

12-37

1. ônibus, sempre
2. avião, nunca
3. carro, sempre
4. trem, às vezes
5. metrô, sempre

12-38

1. b	2. a
3. a	4. c
5. a	6. b

12-39 Answers provided in corresponding audio recording.

12-40 Answers provided in corresponding audio recording.

12-41 Answers may vary.

1. uma viagem interessante
2. o Brasil
3. vá à Bahia
4. descanse e tome sol na praia, veja capoeira e visite terreiros de candomblé.
5. visite a ilha de Itaparica.
6. especial e única no Brasil.

12-42 Answers provided in corresponding audio recording.

12-43 Answers provided in corresponding audio recording.

12-44

1. ele saia agora mesmo.
2. não haja problemas no check-in.
3. apresente o número de confirmação.
4. o funcionário da companhia aérea encontre problemas.

12-45 Answers provided in corresponding audio recording.

12-46

verdadeiro: 2, 3, 4 falso: 1, 5

12-47 Answers provided in corresponding audio recording.

12-48 Answers provided in corresponding audio recording.

12-49

1. c	2. a
3. b	4. a
5. b	

12-50 Answers may vary.

1. Eles pensam ir na Páscoa.
2. Natal fica no Rio Grande do Norte.
3. Eles pedem que Artur recomende um bom hotel.
4. Ele gosta do hotel porque é perto das dunas.
5. Ela não gosta de hotéis muito grandes.
6. Os apartamentos são grandes, têm vista para o mar e um serviço muito bom.
7. Eles querem alugar um carro e um buggy.

12-51

verdadeiro: 1, 4, 5 falso: 2, 3

VÍDEO

12-52

1. Chupeta: São Pedro da Aldeia, Bahia, Rio Grande do Sul
   Manuela: Nova Iorque, Bariloche, o Sul, Salvador, Espírito Santo, região dos lagos no Rio de Janeiro, São Pedro da Aldeia, Búzios
2. Manuela consegue viajar mais porque Chupeta trabalha praticamente sete dias por semana.
3. Answers will vary.

12-53

1. maior
2. conhecer
3. quis
4. história
5. lado místico
6. atraiu
7. destino

12-54 Answers may vary.

1. Manuela gosta de excursões com programação estabelecida, toda certinha, quando vai a lugares desconhecidos, porque assim ela não perde tempo tentando achar um lugar legal. Você já tem aqueles programas que são certos, gostosos de fazer, típicos daquele lugar.
2. Não, Chupeta procura mais o lado da aventura quando ele viaja. Ele não gosta de ter muita coisa programada.
3. Manuela gosta de uma programação livre quando vai a lugares conhecidos, porque quando ela chega pode ver como estão as coisas, como está o clima e as pessoas, e resolver o programa dela quando está lá
4. Andar de bicicleta, ir ao teatro, conhecer um museu.
5. Answers will vary.

12-55

Caio: 5, 8, 10	Juliana: 3, 6, 12
Chupeta: 2, 7, 9	Adriana: 1, 4, 11

Lição 13

PRÁTICA

13-1

1. f 2. d 3. e
4. a 5. g 6. c
7. b

13-2

1. d 2. b 3. b 4. a
5. d 6. b 7. d 8. d

13-3

1. energia elétrica e solar
2. transportes coletivos
3. meio ambiente, reciclar
4. lixo urbano
5. poluição
6. biodegradáveis

13-4 Answers will vary.

13-5

1. reciclarei
2. coletará
3. usaremos
4. tomaremos
5. compraremos
6. farei, fará

13-6 Answers may vary.

1. viverá/estará
2. dependerá
3. estudará
4. fará
5. terá
6. viverão
7. haverá
8. terá
9. fará
10. terá/conseguirá
11. viverá/será

13-7 Answers will vary.

13-8

1. terminar 2. for
3. acabar 4. terminarmos
5. estiver 6. tivermos
7. puder

13-9 Answers will vary. Sample answers:

1. Quando Felipe se formar vamos nos casar.
2. Poderei ir com ele para o Brasil logo que eu terminar os estudos.
3. Depois que ele conseguir um bom emprego vamos pensar em comprar um apartamento.
4. Não me sentirei satisfeita enquanto não falar português muito bem.
5. Assim que ganharmos dinheiro suficiente vamos pensar em ter filhos.

13-10 Answers will vary.

13-11

1. Telefonaria para a polícia.
2. Assistiria as palestras sobre ecologia.
3. Faria uma reserva numa pousada.
4. Avisaria o Departamento de Urbanismo da cidade.
5. Daria uma carona para ele.

13-12 Answers will vary. Sample answers:

1. Os estudantes poderiam coletar e reusar os papéis.
2. Nós poderíamos apagar as luzes do corredor durante a noite.
3. Os estudantes poderiam doar os computadores velhos para crianças desfavorecidas.
4. Nós poderíamos usar menos o elevador.
5. Os estudantes poderiam reciclar o lixo orgânico dos alimentos que sobram nas festas.
6. Nós poderíamos limitar o uso do ar condicionado.

13-13 Answers will vary.

13-14

1. tomaríamos
2. visitaríamos
3. fariam/comprariam
4. jogaria/reciclaria
5. dariam

13-15 Answers may vary.

1. se telefonam/se comunicam
2. se amam/se beijam
3. se detestam, se insultam, se respeitam
4. se beijam, se encontram/se vêem
5. se entendem
6. nos vemos/nos encontramos

13-16 Answers will vary.

13-17 Answers will vary. Sample answers:

1. As pessoas que gostam de estar ao ar livre podem fazer passeios de búfalo, canoagem e observação de pássaros, entre outras atividades.
2. A população da Ilha de Marajó enfrenta dificuldades econômicas, mas encontrou uma solução no turismo rural.
3. As pessoas que gostam de animais podem andar a cavalo ou observar pássaros e animais noturnos.
4. Essas pessoas podem não gostar da ilha porque as pousadas não são sofisticadas.
5. As pessoas que têm medo de animais selvagens não devem fazer passeios para observar cobras e jacarés.
6. O turismo rural na Ilha de Marajó é uma opção perfeita para as pessoas que gostam da vida simples do campo.

13-18 Answers will vary.

13-19
verdadeiro: 2, 6, 9, 10, 12 falso: 1, 3, 4, 5, 7, 8, 11

LABORATÓRIO

13-20
verdadeiro: 4 falso: 1, 2, 3, 5

13-21
Gisela: 1, 2, 5 Rafael: 3, 4

13-22
1. b
2. c
3. c
4. b
5. a

13-23 Answers may vary.

1. os problemas ecológicos do Brasil.
2. precisam reciclar, economizar água, não poluir os rios e os mares, não desmatar as florestas.
3. deve tomar medidas mais enérgicas de proteção à natureza.
4. os projetos estrangeiros na Amazônia.
5. um ecossistema muito frágil.
6. podem ajudar a manter um equilíbrio entre a natureza, o desenvolvimento e as necessidades dos seres humanos.

13-24 All except the following: televisão, computadores, conferências, escolas, estrelas, conscientização, instrumentos musicais

13-25
verdadeiro: 3, 5, 7 falso: 1, 2, 4, 6

13-26 Answers provided in corresponding audio recording.

13-27
Indicativo:
1) estudarão 2) fará
3) visitarão, verão 4) viajarão
5) ficarão 6) mandarão
7) voltará 8) trabalhará
9) veremos 10) passaremos, falaremos
11) terei, ficarei 12) terão

Subjuntivo:
1) tiverem 3) estiverem
5) for 7) terminarem
10) encontrarmos 12) voltarem

13-28 Answers provided in corresponding audio recording.

13-29 Answers provided in corresponding audio recording.

13-30
Cecília: 2, 7 Paulo: 1, 3 both: 4, 5 neither: 6, 8

13-31 Answers provided in corresponding audio recording.

13-32
1. a
2. b
3. c
4. a

13-33
verdadeiro: 4, 5, 7 falso: 1, 2, 3, 6

13-34
1. se conheceram
2. se viam
3. se comunicavam, se telefonavam
4. se encontraram, se abraçaram, se beijaram
5. se conheceram, se entenderam
6. se casaram

13-35
A. verdadeiro: 1, 4, 5, 6, 7 falso: 2, 3, 8
B. Answers may vary.
   1. Eles têm que ir a Fernando de Noronha de avião.
   2. Eles podem ficar hospedados em um hotel ou em uma pousada simples.
   3. Algumas pousadas na ilha usam aquecimento solar.
   4. Eles vão poder fazer trilhas e observar golfinhos, entre outras atividades.
   5. Eles vão comer comidas simples.
   6. Eles podem visitar 21 ilhas.

13-36

1. a
2. c
3. a
4. a
5. c
6. b
7. b
8. b
9. b
10. c

VÍDEO

13-37

1. Caio faz ecoturismo.
2. Ela acha que tem poucos parques na vizinhança dela.
3. Ela visita parques quando viaja fora do Rio.
4. Ele se relaciona bem com a natureza. Ele gosta de estar perto da natureza e se sente apegado a ela. Ele gosta de fazer trilhas e acampamentos.
5. Mariana acha que os parques não fazem falta porque as pessoas gostam mais de ir à praia.
6. Manuela identifica dois parques na cidade do Rio. Os dois parques são: Jardim Botânico e um parque na Barra da Tijuca.
7. Answers will vary.

13-38

1. incentivo
2. se preocupando
3. política de incentivo
4. respeitam
5. vizinhança
6. condomínio
7. muito importante
8. solucionar
9. Answers will vary. Sample answer:
   Adriana parece achar que as pessoas não se preocupam com a coleta seletiva de lixo nas suas casas e apenas em lugares públicos, como a praia. Manuela, no entanto, parece achar que as pessoas na vizinhança dela, por exemplo, estão interessadas e respeitam a coleta seletiva de lixo. Além disso, a universidade dela, a PUC-Rio, também tem coleta seletiva de lixo.

13-39 Answers may vary.

1. a. Tomada de consciência
   b. É uma coisa que a gente vai aprendendo desde pequeno. Separar embalagens, não poluir, etc., mas tudo isso tem que ser trabalhado através de uma tomada de consciência.
2. a. Educação das crianças
   b. A educação é o início de tudo e é preciso começar com as crianças.
3. a. Campanha na televisão
   b. Pessoas famosas que têm um carisma na sociedade podem dar dicas e fazer sugestões para ensinar as pessoas a preservar o meio ambiente.
4. Answers will vary.

13-40

O Rio tem a Lagoa Rodrigo de Freitas, no meio da cidade, onde é possível remar e praticar vela, por exemplo. A praia, o litoral é excelente. O Rio é cercado por montanhas onde você pode pedalar e correr. Você pode subir a Pedra da Gávea para ver o pôr do sol e o sol nascer.

LIÇÃO 14

PRÁTICA

14-1

1. número de anos
2. pessoa responsável pela família
3. número de pessoas
4. dados estatísticos
5. a casa
6. pessoa do sexo feminino

14-2

1. d
2. d
3. a
4. b
5. b
6. c

14-3

verdadeiro: 2, 3, 4 falso: 1, 5

14-4 Answers may vary.

1. As palavras têm sido usadas com um sentido universal, ocultando ou desprezando a presença e contribuição das mulheres.
2. Propõem que em vez de "homem" ou "homens" sejam usadas as palavras "pessoa(s)" ou "ser(es) humano(s)".
3. humana
4. o povo da rua/a população da rua
5. Answers will vary.
6. Answers will vary.

14-5 Answers will vary.

14-6

1. mudada
2. interessados
3. decididas
4. abertas
5. excluídas
6. participado

14-7 Answers will vary. Sample answers:

1. Os convidados estavam interessados em política/em jogos de computador.
2. As luzes estavam apagadas/acesas.
3. As mulheres estavam vestidas de jeans/de mini-saia.
4. Os vizinhos estavam preocupados com drogas/com barulho.
5. As portas estavam abertas para todos/fechadas.

14-8

1. Sim, ela está apagada.
2. Sim, elas estão trocadas.
3. Sim, ele está arrumado.
4. Sim, elas estão postas.
5. Sim, ela está feita.

14-9

1. O filme de terror foi assistido pelos adolescentes.
2. A maratona foi corrida por mim.
3. Muitas senadoras foram eleitas por nós em 2006.
4. Vários presentes foram ganhos pelas mulheres.
5. Aquela senhora foi ajudada pelo policial.
6. Muitos hábitos do passado foram mudados pelas pessoas nos últimos anos.

14-10 Answers may vary.

1. Brasília foi inaugurada em 1960.
2. O romance *Grande Sertão: Veredas* foi publicado em 1956.
3. A Universidade de São Paulo foi fundada em 1934.
4. Os primeiros discos de Chico Buarque foram gravados nos anos 60/entre 1966 e 1968.
5. Benedita da Silva foi eleita vice-governadora do estado do Rio de Janeiro em 1999/vereadora em 1983/senadora em 1998/etc.
6. As *Bachianas brasileiras* de Villa-Lobos foram compostas nos anos 30 e 40/entre 1930 e 1945.

14-11

1. tem participado
2. têm feito
3. têm pilotado
4. tem obtido
5. têm conseguido
6. temos feito

14-12

1. Os homens têm ajudado as mulheres na cozinha.
2. Mais crianças desfavorecidas têm ido à escola.
3. Os idosos têm participado das eleições.
4. O desemprego tem aumentado.
5. A criminalidade tem diminuído.
6. Os jovens têm bebido mais.
7. Eu tenho trabalhado como voluntário.

14-13 Answers will vary.

14-14

1. tinha fechado
2. tinha assistido
3. tinha visto
4. tinham ido/tinham comido
5. tinha visto
6. tinha dito

14-15 Answers will vary. Sample answers:

1. Eu tinha/havia procurado informações na Internet.
2. Alice e Daniel tinham/haviam lido vários artigos sobre mulheres executivas.
3. Daniel tinha/havia falado com a gerente do banco.
4. Você tinha/havia assistido uma entrevista na televisão.
5. Nós tínhamos/havíamos consultado livros na biblioteca.
6. Pedro e eu tínhamos/havíamos recebido informações do IBGE.

14-16

1. Algumas mulheres tinham escrito livros.
2. Anita Malfatti tinha pintado quadros famosos.
3. Outras mulheres tinham sido políticas.
4. A maioria tinha trabalhado como professora.
5. A militante comunista Olga Benário tinha morado na Alemanha e na União Soviética antes de morar no Brasil.

14-17 Answers will vary.

14-18 Answers may vary

A. 1. dona de casa, mãe, esposa e/ou empregada doméstica
   2. a. Os homens têm participado da limpeza da casa e da roupa, a preparação da comida, etc.
      b. Os homens querem participar ativamente da educação dos filhos.
      c. Os homens cada vez mais se interessam que o casamento ou relacionamento funcione e se mantenha por toda a vida toda; o homem expressa seus sentimentos, frustrações, alegrias e problemas.

B. 1. preparar-se academicamente e competir no campo profissional.
   2. reservavam seus sentimentos e preocupações e não os compartilhavam com sua companheira.
   3. se expressam e, sobretudo, quando choram.

C. Answers will vary.

14-19 Answers will vary.

14-20 Answers will vary.

14-21 Answers will vary.

14-22
verdadeiro: 2, 3, 6, 10, 11
falso: 1, 4, 5, 7, 8, 9, 12

LABORATÓRIO

14-23 Answers will vary. Sample answers:

Avó: as mulheres não convidavam os rapazes; os homens preferem as mulheres tradicionais; as mulheres cuidam dos filhos e da casa

Helena: as mulheres podem casar ou não casar; os homens aceitam as atitudes modernas; as tarefas domésticas e a educação dos filhos são responsabilidades dos dois

14-24
verdadeiro: 2, 4 falso: 1, 3, 5

14-25 Answers may vary.

1. a. ensino fundamental e ensino médio; cursos pela televisão e pelo rádio
   b. ensino universitário; educação virtual através das redes *online*
2. Muitas
3. Universidade Federal do Paraná, Unversidade do Sul de Santa Catarina
4. pago, gratuito/oferecido gratuitamente
5. assistir aulas, debater com seus professores, assistir vídeo-conferências, fazer mesas redondas para discussões e comunicar com seus professores e colegas através de correio eletrônico.
6. 1999, 10.000
7. Ambientes Virtuais de Aprendizagem.
8. tem mais autonomia, podendo estudar em qualquer lugar e a qualquer hora.
9. acesso mais flexível, custos reduzidos e autonomia.

14-26 Answers may vary.

1. necessidade de orientação acadêmica para avançar profissionalmente
2. professores
3. exigem que seus funcionários se especializem ou atualizem; oferecem oportunidades para ampliar conhecimentos
4. Escola Superior Aberta
5. 34%
6. 47%
7. 45%

14-27

a. 3 b. 1
c. 4 d. 2

14-28 Answers provided in corresponding audio recording.

14-29

1. O Museu da Língua Portuguesa é dirigido por uma mulher.
2. As mulheres são protegidas pelas organizações feministas.
3. O trabalho de Zilda Arnes é admirado por muitos brasileiros.
4. Os direitos das mulheres são discutidos pelos políticos.

14-30 Answers provided in corresponding audio recording.

14-31
verdadeiro: 2, 3, 4, 6 falso: 1, 5

14-32 Answers provided in corresponding audio recording.

14-33 Answers provided in corresponding audio recording.

14-34
verdadeiro: 1, 3, 4 falso: 2, 5

14-35 Answers provided in corresponding audio recording.

14-36
verdadeiro: 1, 2, 5, 6 falso: 3, 4

14-37 Answers may vary.

1. feminina
2. doze ou quinze filhos
3. de 4,5 pessoas para 3
4. um maior número de/mais
5. 2,9
6. mercado de trabalho masculino
7. mais alto
8. inferior
9. 62,6%; 69,1%
10. igualdade salarial

VÍDEO

14-38 Answers may vary.

1. De acordo com o Rogério, os costumes da sociedade brasileira têm mudado nos últimos anos, mas de maneira muito lenta. Rogério comenta que no Brasil tem três instituições que privilegiam a manutenção desses valores que são dos séculos 18 e 19 e até medievais. No Brasil as pessoas recebem formação através de três instituições, a família, a escola e a igreja, que têm dificuldades de lidar com essas diferenças e novas categorias que vão surgindo na sociedade brasileira.
2. A Manuela fala mais especificamente sobre os costumes da sociedade brasileira no que diz respeito ao Rio de Janeiro, por ser essa a realidade dela. Ela acha que a relação pais e filhos têm ficado um pouquinho desgastada, talvez pela tecnologia, pelo capitalismo, ela não sabe exatamente a razão. A correria do dia-a-dia não deixa curtir, não deixa que as pessoas façam um trabalho voluntário, por exemplo. De acordo com a Manuela, dar de si para crianças, por exemplo, é estar doando à sociedade uma pessoa melhor no futuro porque você está cultivando indivíduos que se preocupam também em doar o seu tempo aos outros.
3. Juliana acha que o formato da família brasileira está mudando, mas ela não consegue analisar se isso vai ser bom ou ruim. Juliana já vê que, por exemplo, o papel da mulher na família está mudando: a mulher está tendo que ser pai e mãe porque há muita mãe solteira no Brasil. Juliana diz que não sabe como é no resto do mundo, mas no Brasil há muitas mulheres que são abandonadas pelo marido e estão tendo que correr atrás. Ela acha que sempre foi assim, mas a diferença é que hoje as mulheres estão mudando a maneira de pensar. Elas estão correndo atrás de se especializarem, de serem mais qualificadas, e de não serem apenas mães solteiras que são secretárias, mas serem mães solteiras que são chefes de famílias e executivas ou empresárias.
4. Answers will vary.

14-39 Answers may vary.

1. De acordo com Caio, a democracia no Brasil tem caminhado. Obviamente, ela poderia caminhar com passos mais largos, diz ele. Caio acha que o brasileiro ainda está aprendendo a se relacionar com a questão política. Os brasileiros estão começando a aprender a votar, por exemplo. Quando os brasileiros votam mal, pagam o preço. Caio diz que a as pessoas estão caindo, por assim dizer, mas estão levantando e caminhando.
2. Na opinião do Carlos, enquanto o povo não estiver inserido nesta série de questões e decisões que complicam o país não conseguirão uma democracia completa. Alguns movimentos são referências dentro e fora do nosso país, como o MST (Movimento dos Trabalhadores Rurais sem Terra), por exemplo. Pelo tempo de existência do movimento, pelo trabalho de estrutura, de conscientização da população, etc., é sem dúvida alguma um dos maiores e melhores movimentos de formação política e educacional de massa do mundo. Ainda é preciso que o estado assuma um pouco esse papel. Nota-se pela proliferação de ONGs a falta de compromisso do estado.
3. Answers will vary.
4. Answers will vary.

LIÇÃO 15

PRÁTICA

15-1

1. b 2. e 3. d
4. a 5. c

15-2 Answers will vary.

15-3 Answers may vary.

1. portas eletrônicas/carros automáticos
2. a Internet
3. satélites
4. robôs
5. telefones
6. ensino à distância

15-4 Answers will vary.

15-5 Answers will vary. Sample answers:

1. É possível ter muitos alimentos modificados geneticamente no futuro.
2. É difícil tirar boas notas sem estudar.
3. É recomendável saber usar novas tecnologias para conseguir um bom emprego.
4. É normal assistir videoconferências através do ensino à distância.
5. É impossível ler todos os jornais eletrônicos todos os dias.

15-6

1. salvar 2. usar 3. pagar 4. assistir

15-7

1. ao 2. depois de
3. antes de 4. para
5. sem

15-8

1. irmos, praticarmos
2. irem
3. serem
4. viajarmos
5. analisar

15-9 Answers will vary. Sample answers:

1. Ela disse para não usarmos telefones celulares na aula.
2. Ela disse para fazermos pesquisa na Internet.
3. Ela disse para assistirmos a videoconferência.
4. Ela disse para enviarmos mensagens eletrônicas.
5. Ela disse para estudarmos as perguntas do teste.
6. Ela disse para consultarmos os blogs da última semana.
7. Ela disse para comprarmos o livro de computação.

15-10 Answers will vary, but should contain the following verb forms:

1. sermos
2. poderem
3. conseguirem
4. terem
5. sairmos

15-11

1. Se nós passarmos muito tempo trabalhando com computadores, nós não vamos ter tempo ao ar livre.
2. Se os meus amigos não tivessem celulares, eu falaria muito menos com eles.
3. Se os pais puderem definir as características genéticas dos filhos, os pais escolherão os filhos que preferirem.
4. Se os pais de filhos pequenos não controlassem o uso do computador, as crianças teriam acesso a sites perigosos.
5. Se eles não comprarem um carro novo, não vão poder viajar.

15-12 Answers will vary. Sample answers:

1. Se eu não usasse a Internet, não poderia ler os jornais brasileiros eletrônicos.
2. Se as pessoas não tivessem carro nos Estados Unidos, as bicicletas seriam mais populares.
3. Se os aviões a jato não existissem, as viagens aéreas seriam muito mais lentas.
4. Se nós não comprássemos comida congelada, teríamos menos opções alimentares.
5. Se a Microsoft não existisse, o Windows não seria o sistema informático dominante.
6. Se meus amigos não tivessem computadores, não me enviariam tantos e-mails.

15-13 Answers will vary.

15-14

diminutivos: livrinho, luzinha, Paulinho, homenzinho, lapisinho, aviãozinho

aumentativos: Luizão, hotelzão, computadorzão, jantarzão, dinheirão

15-15 Answers may vary.

1. ênfase
2. afeição/tamanho
3. afeição/polidez
4. sarcasmo
5. sarcasmo
6. afeição
7. sarcasmo

15-16

1. carrões
2. narigão
3. casarão
4. dinheirão
5. filmão
6. homenzarrão

15-17 Answers may vary.

1. Answers will vary
2. pequenas, médias e grandes
3. Any three of the following: tecnologia da informação, eletrônica e telecomunicações, tecnologia de materiais, tecnologia aeroespacial, energia e meio ambiente, biotecnologia, bioinformática, desenvolvimento de software
4. Any three of the following: Panasonic, Lg Phillips, Kodak, General Motors, Petrobrás, Ericsson, Embraer.
5. Proximidade de São Paulo e Rio de Janeiro, áreas verdes, excelentes escolas e universidades
6. Answers will vary.
7. Answers will vary.

15-18 Answers will vary.

15-19 Answers will vary.

15-20

1. b
2. b
3. d
4. b
5. b
6. d
7. b
8. d
9. a
10. c
11. a
12. b
13. a
14. b

LABORATÓRIO

15-21

1. banco 24 horas
2. correio eletrônico
3. educação virtual
4. telefone celular
5. máquina fotográfica digital
6. satélite
7. microcomputadores
8. blog

15-22

1. c 2. c 3. c 4. b 5. a

15-23 Answers provided in corresponding audio recording.

15-24

presente: 1, 4, 6, 7 futuro: 2, 3, 5

15-25

1. a 2. c 3. c 4. b 5. c

15-26

1. c 2. a 3. c 4. b 5. c

15-27 Answers may vary.

1. tiver, ler e-mails/navegar na Internet
2. ter acesso à Internet
3. Answers will vary; sample answer: vamos gastar muito dinheiro
4. Answers will vary; sample answer: não seria tão rápida e constante
5. causaria danos
6. Answers will vary; sample answer: será controlado
7. Answers will vary; sample answer: a exportação deste lixo fosse controlada
8. Answers will vary.

15-28

diminutivo: 1, 4, 5
aumentativo: 2, 3, 5

15-29 Answers provided in corresponding audio recording.

15-30

1. realidade virtual
2. sala da casa
3. jogadores de futebol americano
4. uma luva especial
5. assistir um bom filme
6. pacientes virtuais

VÍDEO

15-31

1. b, d, h
2. c, f, i
3. a, e, g

15-32 Answers may vary.

1. Rogério acha que não há acesso à Internet, por mais que as pessoas queiram dilatar o número de usuários. Existem projetos de levar computadores para as comunidades chamadas carentes que não são assistidas pelo poder público. E tem nessas comunidades um grande número de analfabetos funcionais, analfabetos tecnológicos e, de acordo com o Rogério, oferecer o instrumento sem conscientizar para que serve aquele instrumento é complicadíssimo.
2. Answers will vary.

15-33

1. Answers may vary.
   Dona Sônia acha que a clonagem mexe com a natureza e que isso não deveria ser feito. A tecnologia deveria ser usada para descobrir curas para doenças e ela é a favor da pesquisa relacionada com as células-tronco.
2. a. medicina
   b. tecnologia
   c. qualidade
   d. esperança
   e. ética
   f. postura
   g. consciente
3. Answers will vary.

15-34 Answers may vary.

Os dois acham que os vídeo games não estimulam a violência. Juliana acha que *Tom e Jerry*, o desenho animado, é altamente violento porque o rato está sempre batendo no gato loucamente. Chupeta acredita que o problema dos vídeo games está mais relacionado à falta de atividade física do que à violência. Ele acha que os jovens hoje têm menos coordenação motora abrangente do que quando ele era menino que brincava na rua. A coordenação motora necessária para jogar vídeo games é uma coordenação motora fina.

Expansão gramatical

EG-1

1. tenha conseguido
2. tenham promovido
3. tenha aumentado
4. tenhamos estudado
5. tenham terminado

EG-2 Answers will vary. Sample answers:

1. Que bom que Juca e Dalila tenham comprado um carro elétrico.
2. É pena que Clarice não tenha conseguido a bolsa de pesquisa que tinha pedido.
3. É fantástico que você tenha decidido se candidatar para a Faculdade de Medicina.
4. Não acredito que nós tenhamos sido escolhidos para representar nossa universidade no congresso de jovens líderes.
5. Sinto muito que Renata e Sílvia tenham sido eliminadas do campeonato de tênis.
6. Duvido que Henrique tenha participado de um protesto contra os alimentos geneticamente modificados.

EG-3 Answers will vary. Sample answers:

1. Espero que você tenha visitado Ouro Preto.
2. Espero que você tenha visto as esculturas de Aleijadinho em Congonhas.
3. Espero que você tenha gostado de Belo Horizonte.
4. Espero que você tenha feito turismo ecológico.
5. Espero que você tenha comprado cerâmicas do Jequitinhonha.

EG-4

1. b
2. e
3. d
4. a
5. c

EG-5 Answers will vary.

EG-6 Answers may vary.

1. Lamento que eles tivessem bebido muita cerveja.
2. Lamento que ela não tivesse estudado para o exame final.
3. Lamento que ele tivesse usado drogas.
4. Lamento que você tivesse comido carne estragada.
5. Lamento que eu não tivesse jogado na loteria.

EG-7

1. Se eles tivessem pesquisado na Internet, teriam sabido o que fazer.
2. Se eles tivessem perguntado a amigos brasileiros, teriam encontrado um hotel bom e barato.
3. Se eles tivessem feito uma excursão organizada, teriam visto mais lugares interessantes.
4. Se eles tivessem ido ao Jardim Botânico, teriam tido uma experiência inesquecível.
5. Se eles tivessem comprado ingressos, teriam assitido um show no Canecão.

EG-8 Answers will vary.

EG-9 Answers will vary, but should contain the following structures:

1. Terei comprado um carro novo até...
2. Terei terminado o curso universitário até...
3. Terei visitado São Paulo até...
4. Terei comido feijoada até...
5. Terei assistido um filme no cinema...

EG-10 Answers will vary.

EG-11 Answers will vary.

EG-12 Answers will vary. Sample answers:

1. Logo que o avião tiver decolado, vamos almoçar.
2. Assim que tivermos chegado ao hotel, vamos desfazer as malas.
3. Quando a mamãe e o papai tiverem descansado, vamos sair para conhecer a cidade.
4. Se eu tiver conseguido ingressos, vamos ver o show no sábado.
5. Depois que nós tivermos explorado a cidade, vamos fazer uma excursão.

EG-13 Answers provided in corresponding audio recording.

EG-14 Answers provided in corresponding audio recording.

EG-15

Verdadeiro: 1, 3, 4, 6 Falso: 2, 5

EG-16 Answers provided in corresponding audio recording.

EG-17 Answers will vary.

EG-18

Verdadeiro: 1, 4 Falso: 2, 3, 5

EG-19 Answers provided in corresponding audio recording.

Practice for speakers of Spanish

LIÇÃO PRELIMINAR

PS-1

a. um
b. um
c. um
d. um
e. duas
f. quatro
g. dez
h. trinta e duas

PS-2

open **e**: 1, 5, 7, 8, 9
closed **e**: 2, 3, 4, 6, 10

PS-3

open **o**: 2, 4, 5, 6, 8
closed **o**: 1, 3, 7, 9

LIÇÃO 1

PS-4

1. gosta das
2. gostam da
3. gostam da
4. gosto do
5. gostamos de
6. gosta da
7. gosta das
8. gosto do
9. gosta de
10. gostam do
11. gostam das

PS-5

1. Uma
2. uma
3. os
4. umas
5. O
6. as
7. um
8. os
9. O

PS-6

1. almoçarão
2. corações
3. dançam
4. opiniões
5. descansarão
6. lições

LIÇÃO 2

PS-7

1. são
2. é
3. É
4. é
5. é
6. É
7. está
8. está
9. estão
10. é
11. É
12. estão
13. estão

PS-8

1. vazia
2. bacilo
3. vago
4. bate
5. bebido
6. bela
7. vem
8. vento
9. boa
10. vovó

LIÇÃO 3

PS-9

1. vão
2. vai
3. ir embora
4. vamos
5. vamos
6. vou
7. vai
8. vou
9. vamos
10. vamos
11. vamos
12. vamos
13. vamos

PS-10

1. rato
2. janela
3. Joana
4. berro
5. ferrão
6. rogo
7. cará

LIÇÃO 4

PS-11

1. almoça
2. prefiro
3. podem
4. preferem
5. preferimos
6. começa
7. podem
8. dormem
9. prefere
10. dormimos
11. dorme
12. dorme
13. começa
14. começo
15. pode
16. quer
17. quer

PS-12

1. casa
2. doze
3. rosa
4. assa
5. Zeca
6. acetona
7. reassumir
8. razão
9. louça
10. pressa

LIÇÃO 5

PS-13

1. Não, vou lavar esse. *or* Não, vou lavar aquele.
2. Não, vamos dar esses. *or* Não, vamos dar aqueles.
3. Não, vamos passar esse. *or* Não, vamos passar aquele.
4. Não, vou usar essa. *or* Não, vou usar aquela.
5. Não, vamos secar essa. *or* Não, vamos secar aquela.
6. Não, vamos arrumar essa. *or* Não, vamos arrumar aquela.

7. Não, vou limpar esse. *or* Não, vou limpar aquele.
8. Não, vou jogar essa. *or* Não, vou jogar aquela.

PS-14 Answers provided in corresponding audio recording.

LIÇÃO 6

PS-15

1. Eu o quero, sim. *or* Eu quero, sim. *or* Não quero, você pode levá-lo.
2. Eu o quero, sim. *or* Eu quero, sim. *or* Não quero, você pode levá-lo.
3. Eu os quero, sim. *or* Eu quero, sim. *or* Não quero, você pode levá-los.
4. Eu o quero, sim. *or* Eu quero, sim. *or* Não quero, você pode levá-lo.
5. Eu as quero, sim. *or* Eu quero, sim. *or* Não quero, você pode levá-las.
6. Eu a quero, sim. *or* Eu quero, sim. *or* Não quero, você pode levá-la.
7. Eu as quero, sim. *or* Eu quero, sim. *or* Não quero, você pode levá-las.
8. Eu os quero, sim. *or* Eu quero, sim. *or* Não quero, você pode levá-los.
9. Eu o quero, sim. *or* Eu quero, sim. *or* Não quero, você pode levá-lo.

PS-16 Answers provided in corresponding audio recording.

LIÇÃO 7

PS-17

1. Vamos lhe pedir para não jogar no próximo domingo.
2. Vamos lhe perguntar os resultados do último jogo.
3. Vamos nos oferecer para participar do próximo treinamento.
4. Vamos lhe mostrar as fotos do jogo do mês passado.
5. Vamos lhe dar um presente.
6. Vamos lhe explicar que não podemos treinar no verão.

PS-18 Answers provided in corresponding audio recording.

LIÇÃO 8

PS-19 Answers may vary.

1. A população do Brasil é menor do que a (população) dos Estados Unidos.
2. Há menos estados no Brasil do que nos Estados Unidos.
3. Nova York é maior do que o Rio de Janeiro.
4. Há mais igrejas barrocas no Brasil do que nos Estados Unidos.
5. O estado do Amazonas é maior do que o estado de Massachusetts.
6. O presidente do Brasil é mais velho/jovem do que o presidente dos Estados Unidos.

PS-20 Answers may vary.

1. Há tantos monumentos para visitar no Brasil quanto nos Estados Unidos.
2. O povo brasileiro é tão simpático quanto o povo americano.
3. Nova York é tão bonita quanto o Rio de Janeiro.
4. Há tanta sujeira no metrô de São Paulo quanto no metrô de Nova York.
5. Há tantos problemas na política brasileira quanto na política americana.
6. Há tantas coisas interessantes para fazer no Brasil quanto nos Estados Unidos.

LIÇÃO 9

PS-21

1. Ganha-se bem.
2. Tem-se bom seguro saúde.
3. Oferecem-se excelentes bônus.
4. Proporcionam-se muitas opções de lazer aos funcionários.
5. Pagam-se creches para os filhos dos funcionários.
6. Dão-se presentes aos funcionários.

PS-22

1. encontrou
2. fiz/tive
3. fui
4. teve
5. foram
6. quiseram
7. trouxe
8. vim
9. soube
10. disseram

LIÇÃO 10

PS-23

1. embaraçada
2. sobrenome
3. escritórios
4. firma
5. vasos
6. ninhos
7. talheres
8. cadeira
9. esquisita
10. polvo
11. salada

PS-24

1. esteja
2. está
3. esteja
4. reclame
5. seja
6. ache

7. devo
8. deva
9. seja
10. procure
11. admita
12. precisamos
13. aconteça
14. posso/podemos

LIÇÃO 11

PS-25

1. acordar
2. borrei
3. feche
4. latir
5. reparei
6. botar
7. tirar
8. brincando

PS-26

1. que
2. quem
3. quem
4. quem
5. que

LIÇÃO 12

PS-27 Answers may vary.

1. alimentos: o sal, o mel, o legume, o leite
2. corpo humano: o sangue, o riso, o nariz, o joelho, a cútis, a dor
3. natureza: a pétala, a oliveira, a macieira, a árvore
4. conceitos abstratos: a análise, a desordem, a origem, o costume, o paradoxo

PS-28

1. tudo
2. Todos
3. todos
4. todas
5. todas
6. todas
7. tudo
8. tudo

LIÇÃO 13

PS-29

1. papagaio
2. margem
3. trompete
4. trompetista
5. guia
6. banco
7. testa

PS-30

1. reciclarem
2. começarmos
3. tiverem
4. surgir
5. estiverem
6. precisarmos
7. quiserem
8. estivermos
9. tocar

LIÇÃO 14

PS-31 Answers may vary.

1. sociedade
2. verdade
3. oportunidades
4. adversidades
5. comunidades
6. dignidade
7. diversidade
8. especialidade
9. sociedade

PS-32

1. pagos
2. trazido
3. traído
4. pago
5. roubado
6. gasto
7. apresentados
8. conhecido
9. traumatizado

LIÇÃO 15

PS-33

1. amorzinho
2. agorinha
3. pequenininha
4. avozinha
5. bonequinha
6. irmãozinho
7. dorzinha
8. pobrezinho

PS-34

1. conseguirmos
2. trabalhar/trabalharmos
3. chamarem
4. fazermos
5. encontrarmos
6. terminarmos
7. abusarmos
8. gastarmos
9. irmos

EUROPEAN PORTUGUESE VIDEO ACTIVITIES

LIÇÃO PRELIMINAR

P-51

1. f
2. i
3. h
4. b
5. g
6. c
7. d
8. a
9. e

P-52

1. Filipa: Vinte e dois anos, estuda Psicologia e está no quinto ano./Twenty-two years old, studies psychology, senior (fifth) year.

   Adolónimo Aguiar: É de São Tomé e Príncipe, nasceu em Benguela na República de Angola, tem quarenta e um anos e está em Portugal desde 1983./Is from São Tomé and Príncipe, born in Benguela in the Republic of Angola, is forty-one years old and has lived in Portugal since 1983.

   Tomás: Quinze anos, um rapaz que se pode considerar normal./Fifteen years old, a boy who can be considered normal.

   Márcio Sampaio: Aluno de engenharia geológica e mineira no Instituto Superior Técnico, vive na

Cidade Nova, em Santo António de Cavaleiros que pertence a Loures./Student of geological and mining engineering at the IST, lives in Cidade Nova, in Santo António de Cavaleiros, which is part of Loures.

Alexandra Abreu: Vinte e seis anos, médica veterinária, nasceu em Lisboa, mas vive na Ericeira./Twenty-six years old, veterinarian, born in Lisbon, but lives in Ericeira.

Jorge Barbosa: Quarenta e um anos, vive em Portugal, na Amadora (uma cidade perto de Lisboa), é designer gráfico editorial e trabalha no jornal *Expresso*./Forty-one years old, lives in Portugal, in Amadora (a town near Lisbon), is an editorial graphic designer and works for the newspaper *Expresso*.

Manuela Cardoso: Quarenta anos, vive num bairro da Amadora, é engenheira civil, trabalha numa empresa de construção (principalmente de obras públicas) e gosta do que faz./Forty years old, lives in a neighborhood of Amadora, civil engineer, works for a construction company (specializing in public works), and likes what she does.

Carolina Barbosa: Onze anos, vive na Amadora./ Eleven years old, lives in Amadora.

Helena Cabral: Vinte e cinco anos, é professora, vive no Cacém, na linha de Sintra, e trabalha em Lisboa./Twenty-five years old, a teacher, lives in Cacém, on the Sintra train line, and works in Lisbon.

2. Answers will vary.

LIÇÃO 1

1-50

Alexandra: 2, 5 Helena: 1, 3, 4, 6, 7

1-51 Answers may vary.

Adolónimo: Física, Matemática, Literaturas; gosta de livros, de ler e escrever.

Helena: A parte clássica, cultura clássica, a antiguidade clássica, a Grécia.

Eu: Answers will vary.

1-52

Primeiro passo: variável, às oito, 1-2 horas, 5 ou 6 da tarde

Segundo passo: Answers will vary.

LIÇÃO 2

2-37 Answers may vary.

1. angolanos, portugueses, espanhóis, polacos, franceses, alemães, ingleses
2. engenheiros ("da minha área"), professores/ educadores ("da área de Educação"), informáticos, vendedores
3. artistas, escritores, músicos
4. Answers will vary.

2-38

Preparação. Answers will vary.

Compreensão. Answers may vary.

Márcio: atlético; complicado, teimoso, complexo, bem disposto

Manuela: de estatura mediana; teimosa, perfeccionista, simpática, extrovertida, boa pessoa

Expansão. Answers will vary.

LIÇÃO 3

3-43

Primeiro passo:

1. vólei
2. televisão
3. cinema
4. passear

Segundo passo: Answers will vary.

3-44

1. c, g, i
2. a, d, e, j
3. b, f, h
4. Answers will vary.

LIÇÃO 4

4-43 Answers may vary.

1. São o marido Jorge, a filha Carolina e o filho Vasco.
2. A Carolina tem 11 anos e o Vasco vai fazer 5 anos amanhã.
3. São a mãe da Manuela e os sogros (os pais do Jorge).

4-44

Primeiro passo. Answers may vary:

1. a. Parece-se com a mãe.
   b. Ela é teimosa.
   c. O pai concorda.
2. a. O Vasco também se parece com a mãe.
   b. Na opinião do pai, parece-se com a mãe e com o pai.
   c. Ele também é teimoso (como a mãe e a irmã).

Segundo passo: Answers will vary.

4-45

a. É pequena: pai, mãe e um filho.
b. Os avós ajudam com os netos.
c. Porque os avós não trabalham, estão reformados.

4-46 Answers will vary.

4-47

verdadeiro: 1, 4, 6 falso: 2, 3, 5, 7

LIÇÃO 5

5-53

Primeiro passo:

1. Moro num apartamento...
2. Moro perto de..., prédio de oito...
3. Answers will vary.

Segundo passo:

1. 1 cozinha, 1 casa de banho, 1 sala, 2 quartos
2. 1 cozinha, 2 casas de banho, 1 sala, 3 quartos
3. Answers will vary.

Terceiro passo: Answers will vary.

5-54

Primeiro passo:

verdadeiro: 2, 5, 6 falso: 1, 3, 4

Segundo passo: Answers will vary.

5-55

Primeiro passo:

a. Helena
b. Tomás
c. Filipa

Segundo passo: Answers will vary.

LIÇÃO 6

6-41

Primeiro passo:

1. b, d, e, f
2. a, c, g

Segundo passo: Answers will vary.

6-42

Primeiro passo:

1. saias
2. calças
3. clássica
4. desportiva
5. levo
6. calças de ganga
7. ténis
8. fato de treino

Segundo passo:

1. blusa
2. saia
3. vestido
4. meias
5. camisa
6. sapato
7. camisola
8. T-shirt
9. ténis
10. calças
11. sandálias
12. luvas

6-43

1. um peixinho
2. amigas da natação sincronizada
3. dia dos anos (quando fez 18 anos)

LIÇÃO 7

7-43

Primeiro passo: Answers may vary.

1. O desporto preferido do Tomás é o futebol.
2. Ele joga quatro vezes por semana.
3. Nos fins-de-semana ele joga com os amigos.
4. No Verão, ele costuma jogar ténis.
5. Ele treina voleibol com mais três ou quatro amigos, na equipa das raparigas, duas vezes por semana.

Segundo passo: Answers will vary.

7-44

Primeiro passo: Answers may vary.

1. futebol; jogador da selecção nacional, era do Sporting (o clube do Márcio)
2. Michael Jordan; basquetebol (NBA); já está aposentado
3. Fórmula Um; era piloto, era pro

Segundo passo: Answers will vary.

7-45

Primeiro passo:

1. tropical
2. Angola

Segundo passo: Answers will vary.

LIÇÃO 8

8-44 Answers may vary.

1. a. 1 de Janeiro, o primeiro dia do ano
   b. É um dia de festa, onde a gente toma uma série de decisões sobre o que quer fazer no ano seguinte, o que quer fazer melhor, etc. É um dia alegre.
2. a. O feriado favorito dele é a Páscoa, por tradição de família.
   b. O pai dele nasceu em Castelo de Vide, no Alentejo, onde a Páscoa tem grande importância.
3. Answers will vary.

8-45

1. c
2. d
3. d
4. b

8-46 Answers may vary.

1. o bócadu
2. O Adolónimo não sabe.
3. Fazia-se vários pratos típicos e a pessoa mais velha da casa tirava um bocado de comida de cada prato, comia, e depois passava pelos outros.
4. Porque a família dele está toda separada.

LIÇÃO 9

9-47

1. f, h
2. e, i
3. a, c, g
4. b, d

9-48

1. directora de um departamento
2. comunicação e animação social
3. fazer novos aderentes
4. tirou um curso

9-49 Answers may vary.

1. A Manuela acha que o mercado de trabalho está a passar uma crise muito grande. Principalmente para os jovens que acabaram os seus cursos universitários há pouco tempo ou para as pessoas que têm mais de 45 anos de idade.
2. De acordo com o Márcio, o mercado de trabalho em Portugal está um bocado saturado. Muitas areas estão complicadas. O facto de ser estrangeiro e angolano dificultou-lhe bastante encontrar trabalho e ele teve muitas recusas por causa de ser estrangeiro.

LIÇÃO 10

10-40

1. d, e, g, i
2. a, c, h
3. b, f

10-41 Answers may vary.

1. A Alexandra come três refeições: pequeno almoço, almoço e jantar.
2. O Adolónimo faz cinco ou seis refeições por dia. Ele petisca aqui e ali entre as refeições.
3. A Manuela toma o pequeno almoço, um bom almoço, um lanche à tarde e o jantar. A meio da manhã ela come um iogurte ou cereais.
4. Answers will vary.

10-42

Primeiro passo:

1. carne
2. peixe
3. arroz
4. mandioca
5. batata doce
6. a batata do reino

Segundo passo: Answers will vary.

LIÇÃO 11

11-40 Answers may vary.

1. quando está sozinho
2. tem uma doença, uma tosse, sente uma coisa esquisita
3. ficar doente
4. achar que é saudável
5. análises anualmente
6. Answers will vary

11-41

Primeiro passo:

1. faço
2. fiz
3. disse
4. comer
5. continuar
6. dez quilos ou cinco quilos

Segundo passo: Answers will vary.

11-42

1. a. uma tosse, uma constipação
   b. chá de limão, chá de flor de sabugueiro
2. Answers will vary

11-43 Answers may vary.

Primeiro passo:

1. Dá acesso a toda a gente.
2. Tem muitas listas de espera, as pessoas têm que esperar muito para ter uma consulta, às vezes levam anos para fazer uma operação.

Segundo passo: Answers will vary.

LIÇÃO 12

12-52

Primeiro passo. Answers may vary.

1. A Helena tem menos oportunidades de viajar.
2. O pai do Tomás vive nos Estados Unidos.
3. Ele viaja para os Estados Unidos muito frequentemente.
4. Ele gosta de fazer algo de diferente.

Segundo passo. Answers will vary.

12-53

sim: 1, 5 não: 2, 3, 4

2. Eles não vão à Disneylândia porque o Vasco é muito pequenino para ir lá.
3. O filho mais novo do Jorge tem 4 anos.
4. O Márcio vai ter férias em Janeiro.

12-54

Helena: faz planos

Tomás: faz planos, flexíveis

1. gosta de fazer planos para tudo.
2. seja muito rígido, deixa pouco espaço de manobra para fazer algo fora do planeado.

12-55 Answers may vary.

1. Quando viaja com o pai e a mãe para sítios novos.
2. Quando vai com os amigos.
3. Quando vai ter com a avó ou o pai.
4. Answers will vary.

LIÇÃO 13

13-37

Primeiro passo: Answers may vary.

1. Sintra fica nos arredores de Lisboa.
2. Os pais da Alexandra vivem perto de Sintra.
3. Sintra é muito bonita, é tudo verde e tem muita história (uma série de palácios).

Segundo passo:

1. houvesse
2. espaço verde
3. estádio principal da cidade
4. relvado
5. poeira

13-38

Primeiro passo. Answers may vary.

1. lixo orgânico (que não é reciclável, portanto não faz parte)
2. as embalagens de vidro
3. as embalagens de plástico
4. outro tipo de embalagens, como latas (embalagens propriamente ditas)
5. o papelão, que é tudo que é de papel e cartão

Segundo passo. Answers will vary.

13-39

Primeiro passo:

1. caixote do lixo
2. caixote do lixo
3. reciclado
4. conhecimento
5. poluição

Segundo passo: Answers will vary.

LIÇÃO 14

14-38 Answers may vary.

1. O casamento é cada vez mais associado a pensamentos e comportamentos negativos. É associado com prisão.
2. Agora há muita facilidade, toda a gente se casa como logo a seguir se divorcia. Já não há aqueles valores que os pais e os avós da Filipa tinham.
3. As mudanças são para pior, por exemplo na relação entre pais e filhos já não há tanto respeito.
4. Hoje, às vezes, um filho pega no tabuleiro e vai comer no quarto para ver o computador ou uma série na televisão. E há um tempo atrás a refeição era sagrada, todos tinham que estar à mesa para jantar.
5. Answers will vary.
6. Answers will vary.

14-39

Primeiro passo:

1. um defeito
2. o facto
3. há pouco tempo
4. chegaremos
5. pouca informação
6. lêem pouco
7. seguem muito
8. são tendenciosos
9. raciocina
10. a pessoa é bonita
11. pelo conteúdo
12. eleger

Segundo passo: Answers will vary.

LIÇÃO 15

15-31 Answers may vary.

Manuela: e-mail, pesquisa

Helena: e-mail, pesquisa, salas de chat

1. A Manuela utiliza a Internet diariamente.
2. Ela vê o correio electrônico sempre de manhã.
3. A Helena comunica com amigos; não costuma comunicar com desconhecidos.
4. Answers will vary.
5. Answers will vary.

15-32 Answers may vary.

1. ajudar nos estudos
2. estão muito tempo ligadas ao computador
3. são muito violentos
4. mais de jogos mesmo para aprender
5. Answers will vary

15-33

1. bastante importante
2. esquecer
3. uma ameaça
4. tiver
5. se pensar
6. as consequências
7. teremos

European Portuguese Answer Key

European Portuguese Answer Key

Lição preliminar

PRÁTICA

P-1

1. c
2. b
3. a
4. b

P-2 Answers may vary.

1. Igualmente./O prazer é todo meu.
2. Muito prazer.
3. Chamo-me...
4. Não, chamo-me...
5. E eu chamo-me.../Muito prazer.

P-3

1. Bom dia.
2. Boa tarde.
3. Bom dia.
4. Boa tarde.
5. Boa noite.
6. Boa tarde.

P-4

1. a
2. b
3. a
4. a or b

P-5 Answers will vary. Sample dialog:

a. Olá!
b. Olá! Como estás?
a. Muito bem, e tu?
b. Mal, muito mal.
a. Lamento muito.
b. Obrigado. *or* Obrigada.
a. Até amanhã.
b. Adeus.

P-6

1. a
2. c
3. b
4. c
5. a

P-7

1. Obrigado. *or* Obrigada.
2. De nada.
3. Com licença./Desculpe.
4. Lamento (muito)./Sinto muito.
5. Desculpe.
6. Por favor.

P-8

1. pessimista
2. imparcial
3. materialista
4. tradicional
5. introvertido/a
6. calmo/a

P-9 Answer to 5 may vary.

1. Não, eu não sou impaciente. Sou (muito) paciente.
2. Não, ele não é materialista. É (muito) idealista.
3. Não, ela não é incompetente. É (muito) competente.
4. Não, eu não sou pessimista. Sou (muito) optimista.
5. Não, ela não é tímida. É (muito) extrovertida.

P-10 Answers will vary. Sample answers:

1. ...é inteligente e generoso.
2. ...sou moderna, séria e sentimental.
3. ...é religioso e optimista.
4. ...é dinâmico e elegante.
5. ...é calma e eficiente.
6. ...é romântico, idealista e impaciente.

P-11 Answers will vary.

P-12 Answers will vary. Sample answers:

1. mesa, livro
2. mochila, cadeira, caderno
3. televisão, relógio
4. giz, apagador
5. lápis, caneta

P-13 Answers to 1, 2, and 5 may vary.

1. está atrás
2. está em frente
3. está ao lado
4. está entre
5. está em frente
6. está entre

P-14 Answers will vary.

P-15

1. sessenta e cinco
2. noventa
3. setenta e quatro
4. dezasseis
5. vinte e oito

P-16

1. dois um, três cinco três, vinte e seis, noventa e seis (*or* dois um, três cinco três, dois seis, nove seis)
2. quarenta e um
3. trinta e dois
4. sessenta e oito
5. a. sessenta e dois euros e cinquenta
   b. setenta e cinco euros

P-17 Answers will vary.

P-18

1. sábado
2. segunda-feira
3. domingo
4. quinta-feira
5. sexta-feira

P-19 Answers will vary.

1. Hoje é...
2. Amanhã é...
3. Há aula às...
4. Hoje é...
5. Há trinta dias (em Abril).

P-20

1. Setembro
2. Janeiro
3. Março
4. Novembro
5. Julho
6. Dezembro
7. Fevereiro

P-21

1. é no dia vinte e nove de Agosto.
2. é no dia dezoito de Setembro.
3. é no dia vinte e três de Outubro.
4. é no dia quinze de Novembro.
5. é no dia seis de Dezembro.

P-22

1. 9:30
2. 10:45
3. 1:20
4. 3:50
5. 5:00

P-23

1. São sete e meia da manhã.
2. São dez para as três (*or* três menos dez *or* duas e cinquenta) da tarde.
3. São cinco e vinte e cinco da manhã.
4. São nove e um quarto (*or* nove e quinze) da noite.
5. É uma e vinte da tarde.
6. É meia-noite (em ponto). (*or* São vinte e quatro horas.)

P-24 Answers may vary.

1. (no) sábado
2. 7 de Outubro de 2007
3. às quinze (horas)/às três da tarde
4. na Igreja de Nossa Senhora de Fátima, em Viana do Castelo
5. Rua Miguel Bombarda, 234

P-25 Answers will vary.

LABORATÓRIO

P-26

Formal: 1, 2 Informal: 3

1. Chamo-me Jorge Castro./Muito prazer./ Igualmente.
2. Como se chama?/Muito prazer./O prazer é todo meu.
3. Muito prazer. /Igualmente.

P-27

1. (Eu) Chamo-me.../Igualmente. *or* O prazer é todo meu.
2. Não, (eu) chamo-me.../Igualmente. *or* O prazer é todo meu.

P-28

1. 6:00 a.m. – 11:00 a.m.
2. 8:00 p.m. – 2:00 a.m.
3. 1:00 p.m. – 6:00 p.m.
4. 8:00 p.m. – 2:00 a.m.
5. 6:00 a.m. – 11:00 a.m.

P-29

1. o senhor/a senhora
2. tu
3. você

P-30

Sra. D. Matilde: mal

Sr. Vasco: bem

Sónia: óptima

Rui: bem

P-31

a. 3 b. 1 c. 4 d. 2

P-32

1. Até amanhã.
2. Adeus.
3. Por favor.
4. De nada.
5. Até logo.

P-33

Sim: 2, 4 Não: 1, 3

P-34

1. competente
2. moderna, elegante
3. optimista
4. idealista. sincero
5. independente, rebelde

P-35 Eu chamo-me Gina Morais. Sou animada e impulsiva. A minha amiga Manuela é diferente. Ela é introvertida e paciente.

P-36

1. Maputo
2. Brasília
3. Lisboa
4. Luanda
5. Porto
6. Praia

P-37

1. uma mochila
2. um aluno
3. uma mesa
4. um professor
5. um relógio
6. um apagador
7. um caderno
8. uma cadeira
9. um livro
10. um computador
11. um lápis

P-38 Answers provided in corresponding audio recording.

P-39 Answers provided in corresponding audio recording.

P-40 Answers provided in corresponding audio recording.

P-41 Answers provided in corresponding audio recording.

P-42 Answers provided in corresponding audio recording.

P-43 Answers provided in corresponding audio recording.

P-44 Answers provided in corresponding audio recording.

P-45

Respostas: Há sete (dias)./Há vinte e oito, vinte e nove, trinta ou trinta e um dias. Depende do mês.

Pergunta: E quantas horas há num dia?

P-46 Answers provided in corresponding audio recording.

P-47

Sim: 2, 4, 5 Não: 1, 3

P-48

1. 7:20
2. 9:15
3. 2:00
4. 3:50
5. 5:30

P-49 Answers provided in corresponding audio recording.

P-50 4, 1, 2, 3

VÍDEO

P-51

1. f
2. i
3. h
4. b
5. g
6. c
7. d
8. a
9. e

P-52

1. Filipa: Vinte e dois anos, estuda Psicologia e está no quinto ano./ Twenty-two years old, studies psychology, senior (fifth) year.

   Adolónimo Aguiar: É de São Tomé e Príncipe, nasceu em Benguela na República de Angola, tem quarenta e um anos e está em Portugal desde 1983./Is from São Tomé and Príncipe, born in Benguela in the Republic of Angola, is forty-one years old and has lived in Portugal since 1983.

   Tomás: Quinze anos, um rapaz que se pode considerar normal./Fifteen years old, a boy who can be considered normal.

   Márcio Sampaio: Aluno de Engenharia Geológica e Mineira no Instituto Superior Técnico, vive na Cidade Nova, em Santo António dos Cavaleiros, que pertence a Loures./Student of geological and mining engineering at the IST, lives in Cidade Nova, in Santo António dos Cavaleiros, which is part of Loures.

   Alexandra Abreu: Vinte e seis anos, médica veterinária, nasceu em Lisboa, mas vive na Ericeira./Twenty-six years old, veterinarian, born in Lisbon, but lives in Ericeira.

   Jorge Barbosa: Quarenta e um anos, vive em Portugal, na Amadora (uma cidade perto de Lisboa), é designer gráfico editorial e trabalha no jornal *Expresso*./ Forty-one years old, lives in Portugal, in Amadora (a town near Lisbon), is an editorial graphic designer and works for the newspaper *Expresso*.

Manuela Cardoso: Quarenta anos, vive num bairro da Amadora, é engenheira civil, trabalha numa empresa de construção (principalmente de obras públicas) e gosta do que faz./Forty years old, lives in a neighborhood of Amadora, civil engineer, works for a construction company (specializing in public works), and likes what she does.

Carolina Barbosa: Onze anos, vive na Amadora./ Eleven years old, lives in Amadora.

Helena Cabral: Vinte e cinco anos, é professora, vive no Cacém, na linha de Sintra, e trabalha em Lisboa./Twenty-five years old, a teacher, lives in Cacém, on the Sintra train line, and works in Lisbon.

2. Answers will vary.

LIÇÃO 1

PRÁTICA

1-1 Answers may vary, but the following subjects should be included.

1. Álgebra, Psicologia, Cálculo, Economia
2. História, Literatura, Linguística, Sociologia
3. Antropologia, Sociologia, Psicologia
4. Genética, Microbiologia, Anatomia
5. Answers will vary

1-2 Answers will vary.

1-3

1. b
2. c
3. a
4. a
5. b
6. b

1-4

1. b
2. a or d
3. d
4. b or d
5. a, b, c, or d
6. a, b, or c
7. c or d
8. d

1-5

1. universidade
2. Português
3. dinâmico
4. falam
5. Matemática
6. comprar
7. caderno
8. escuta

1-6

1. Nós
2. Ele
3. Vocês
4. Eles
5. Tu
6. Eu

1-7

1. tu, Nós, eu
2. eles, tu, Eu
3. Senhor, Eu

1-8

1. conversa
2. estudo
3. chegam
4. trabalha
5. andas

1-9

1. Nós conversamos com os amigos nos fins-de-semana.
2. Ele trabalha no restaurante à noite.
3. Eu chego à faculdade às 2:00 da tarde.
4. Eles jantam em casa todas as noites.
5. Tu estudas na biblioteca.
6. Vocês compram livros na livraria.

1-10 Answers will vary.

1-11

1. a
2. os
3. o
4. as
5. o
6. os
7. o
8. a
9. o
10. as

1-12

1. Um, um, Uma, uma
2. o, a, a, o
3. os, O, o, as, a, A, a, a
4. Umas, umas, um, um, Uns, um, um

1-13

1. Vocês procuram os mapas de Portugal.
2. Nós também dançamos com uns colegas da universidade.
3. Tu e a Clarice compram umas mochilas.
4. Os amigos da Alice estudam muito para as aulas.
5. Os colegas do Ricardo adoram as discotecas.

1-14 Answers will vary.

1-15 Answers will vary. Sample answers:

1. na biblioteca, no café, em casa, no escritório, no laboratório, na universidade
2. no café, em casa, no escritório, na cantina
3. na discoteca, em casa
4. em casa, no ginásio, no café, na praia
5. na biblioteca, no café, no escritório, no laboratório, no ginásio, em casa
6. no café, na cantina, em casa
7. no café, em casa, no ginásio, na livraria, na praia

1-16 Primeiro passo.

1. O Bruno gosta da cantina universitária, mas não gosta das mesas na cantina.
2. A Carla gosta da aula de História, mas não gosta da sala de aula.
3. O Chico gosta das sextas-feiras, mas não gosta dos domingos.
4. A Raquel gosta do restaurante São Jorge, mas não gosta do café Belém.
5. A Suzete gosta da praia, mas não gosta do ginásio.
6. O Miguel gosta da Adélia, mas não gosta das amigas da Adélia.

Segundo passo. Answers will vary.

1-17

1. do, na
2. ao, às, ao, à, no
3. no, do, na, na

1-18

O/A ESTUDANTE: Olá, como estás?
VOCÊ: Bem, obrigado/a.
O/A ESTUDANTE: Onde está o professor Mendes?
VOCÊ: Está no escritório.
O/A ESTUDANTE: Os livros de Português estão na livraria?
VOCÊ: Estão, sim. Os dicionários também.

1-19 Answers will vary. Sample answers:

1. Eu estou em casa às oito da manhã
2. Vocês estão na biblioteca à uma e meia da tarde.
3. Ela está na praia às dez e dez da manhã.
4. Eu e ele estamos na discoteca às nove e quinze da noite./às nove e um quarto da noite.
5. Tu estás no laboratório às três e quarenta da tarde./às vinte para as quatro./às quatro menos vinte.

1-20 Answers will vary.

1-21

1. Ana Pontes.
2. De Portugal.
3. Português e inglês.
4. Na biblioteca.
5. Rua Alexandre Herculano, 140, Coimbra.
6. É 23-936-7890.
7. Para estudar.
8. Cinco.

1-22

1. Quando
2. Quanto
3. Como
4. Quantos
5. Quem
6. Porque
7. Como
8. Quantas

1-23

1. Onde está o professor?
2. O que é um elefante?/Como é um elefante?
3. Quantas pessoas há no café?
4. Onde estão os alunos?
5. Quem é o Sr. Alexandre Costa?

1-24 Answers will vary.

1-25

1. come
2. escrevo
3. assistes
4. aprende
5. como
6. resistem

1-26 Answers will vary.

1-27

MÁRCIA: mochila, toca-CDs, papel
ANDRÉ: mochila, canetas
LUÍS: cadernos, papel

1-28 Answers may vary.

1. Tem quatro.
2. Não, o bebé não estuda.
3. André, Márcia, Luís e um bebé (não sabemos o nome do bebé).
4. A Nellie é uma amiga do André, um dos filhos da D. Luísa.

1-29 Answers will vary.

1-30

1. é
2. são
3. é
4. há, família
5. inglês
6. línguas
7. às vezes
8. situação

1-31 Answers will vary.

1-32 Answers will vary.

1-33

1. c
2. b
3. c
4. b
5. a
6. b
7. c

LABORATÓRIO

1-34

1. a
2. b
3. b
4. b

1-35

1. Verdadeiro: 1, 3 Falso: 2, 4
2. Verdadeiro: 3 Falso: 1, 2, 4

1-36

1. Carolina, Economia, difícil, às onze, na biblioteca/em casa
2. Jim, Português, interessante, às dez, no laboratório de línguas

1-37 Answers may vary.
de manhã: Faculdade de Ciências Sociais e Humanas, Centro de Computação; está nas aulas, estuda
à tarde: biblioteca, café; estuda, conversa com amigos
à noite: casa; estuda, descansa
fins-de-semana: praia, discoteca; caminha, anda de bicicleta, dança

1-38 Answers will vary.

1-39

1. a senhora
2. vocês
3. o senhor
4. tu

1-40

1. você
2. eles
3. nós
4. eu, vocês
5. ela
6. você

1-41 Answers provided in corresponding audio recording.

1-42

1. Não, não falam.
2. Não, não caminho.
3. Não, não trabalha.
4. Não, não jantamos.
5. Não, não estudo.

1-43 Answers provided in corresponding audio recording.

1-44

1. f
2. e
3. c
4. b
5. d
6. a

1-45 Answers provided in corresponding audio recording.

1-46 Answers will vary.

1-47 Answers may vary.
(Chama-se) Carlos Rodrigues.
O que estuda?
Onde estuda?
Numa livraria.
Quando trabalha?
Chega às cinco da tarde.
Como é o Carlos?

1-48
Sim: 1, 5, 6, 7
Não: 2, 3, 4

1-49

1. verdadeiro: c falso: a, b
2. verdadeiro: a, c, d falso: b, e
3. verdadeiro: a, b, e falso: c, d, f

VÍDEO

1-50
Alexandra: 2, 5
Helena: 1, 3, 4, 6, 7

1-51 Answers may vary.
ADOLÓNIMO: Física, Matemáticas, Literaturas; gosta de livros, de ler e escrever.
HELENA: A parte clássica, cultura clássica, a antiguidade clássica, a Grécia.
EU: Answers will vary.

1-52
Primeiro passo: variável, às oito, 1-2 horas, 5 ou 6 da tarde
Segundo passo: Answers will vary.

LIÇÃO 2

PRÁTICA

2-1

1. alta
2. antipático
3. forte
4. triste
5. idealista
6. solteira

2-2

1. Alto
2. soLteiro
3. jovEm
4. maGro
5. agRadável
6. pobrE

2-3

1. faladora
2. trabalhador
3. bonita
4. rico
5. curto

2-4

1. É sim, é cabo-verdiana.
2. É sim, é português.
3. É sim, é brasileira.
4. É sim, é angolano.
5. É sim, é moçambicana.

2-5

1. faladora, bonita
2. materialista, velho, loiro
3. populares, inteligentes, atléticas
4. agradáveis, trabalhadores
5. extrovertido, engraçado, simpático

2-6

1. português
2. americano/norte-americano
3. brasileira
4. africanos/lusófonos
5. portuguesa/inglesa

2-7

1. A bandeira portuguesa é verde, vermelha, azul, amarela e branca.
2. A bandeira angolana é vermelha, preta e amarela.
3. A bandeira moçambicana é verde, branca, preta, amarela e vermelha.
4. A bandeira cabo-verdiana é azul, branca, vermelha e amarela.
5. A bandeira guineense é vermelha, amarela, verde e preta.

2-8 Answers will vary. Sample answers:

1. As jovens norte-americanas são trabalhadoras e competentes.
2. Os meus amigos são trabalhadores e organizados.
3. A Madonna é famosa e fascinante.
4. O Arnold Schwarzenegger é forte e atlético.
5. Eu sou divertido/a e paciente.

2-9

1. O caderno é do José.
2. As canetas são do Afonso.
3. A calculadora é da Lurdes.
4. O dicionário é da Rita.
5. As mochilas são do Ernesto e da Ana.

2-10

1. da
2. do
3. dos
4. do, de
5. das, de

2-11 Answers will vary. Sample answers:

1. Sou de Chicago.
2. É às duas da tarde.
3. É ao lado da livraria da universidade.
4. É do Manuel.

2-12 Answers will vary. Sample answers:

1. Olá, Zé. Como estás?
2. Eu também estou bem, obrigada.
3. Estou no hotel.
4. É o Hotel Palácio.
5. É muito grande e moderno.
6. É/Não é em frente à praia.
7. Volto no dia... Que horas são aí agora?
8. Onde está o pai?

2-13

1. é
2. estão
3. é
4. estamos
5. são
6. é, está
7. está
8. é

2-14

1. é
2. São
3. está
4. é
5. é
6. é
7. é
8. estão
9. está
10. é/está

2-15

1. é
2. está
3. está
4. é
5. são
6. é
7. é

2-16

1. meu
2. teu
3. tuas
4. tua/nossa
5. nossos/teus

2-17

1. O programa de televisão preferido dele é...
2. A actriz preferida dele é...
3. O restaurante preferido dela é...
4. A música preferida dele é...
5. O cantor preferido dela é...

2-18

A.

1. deles
2. deles
3. deles
4. dela
5. dele

B.

1. nossa/minha
2. dela
3. meu/nosso
4. nossos/meus

2-19

1. estamos com frio
2. estou com pressa
3. está com fome
4. estão com calor
5. estão com medo

2-20

1. Algarve ao Natural
2. Em Faro.
3. Rua Dr. Monteiro da Costa, 76
4. 289 824539
5. Surf, bodyboard, canoagem e ciclismo.

2-21 Answers will vary.

2-22 Answers will vary.

2-23

verdadeiro: 2, 5, 8, 9 falso: 1, 3, 4, 6, 7, 10

LABORATÓRIO

2-24

1 / 4 / 3 / 2

2-25

verdadeiro: 1, 3 falso: 2, 4, 5

2-26

1. Iracema Pereira
2. Filipe Barbosa
3. Helena Cardoso
4. Sandra Silva
5. Eduardo Prado
6. André Farias

2-27 Answers may vary.

RAPAZ: Roberto/português/dezanove/moreno, alto, gosta de música/Universidade Nova de Lisboa, biblioteca

MOÇA: Ana Mota/guineense/vinte e cinco/magra e faladora/escritório, casa

2-28

1. excelente
2. simpático
3. bonita
4. jovens
5. nervoso
6. contente

2-29

MARCELA: alta, morena, olhos castanhos/inteligente e simpática

ERNESTO: baixo e forte/muito tímido

AMÉLIA E MARTA: loiras, magras, olhos azuis/simpáticas e trabalhadoras

ARMANDO E JOÃO: morenos, cabelo preto, olhos verdes/faladores e alegres

2-30

1. às nove da noite, na universidade
2. às duas da tarde, na biblioteca
3. ao meio-dia, na casa do José
4. no restaurante, às oito da noite
5. na Faculdade, às onze da manhã

2-31

1. é
2. estamos
3. são
4. está
5. estão
6. somos

2-32

1. meus
2. sua
3. nossa, meus
4. nossos
5. meu
6. teu

2-33 Answers provided in corresponding audio recording.

2-34

verdadeiro: 1, 3, 5 falso: 2, 4

2-35

1. c 2. b 3. c

2-36 Answers may vary.

1. Marta, Paulo/tomar um café e conversar/café da biblioteca
2. Isabel, Inês/praticar português/bar da Faculdade de Letras
3. Sr. José, Sra. D. Lúcia/trabalhar/Faculdade

VÍDEO

2-37 Answers may vary.

1. angolanos, portugueses, espanhóis, polacos, franceses, alemães, ingleses
2. engenheiros ("da minha área"), professores/educadores ("da área de Educação"), informáticos, vendedores
3. artistas, escritores, músicos
4. Answers will vary.

2-38

Preparação. Answers will vary.

Compreensão. Answers may vary.

MÁRCIO: atlético/complicado, teimoso, complexo, bem disposto

MANUELA: de estatura mediana/teimosa, perfeccionista, simpática, extrovertida, boa pessoa

Expansão. Answers will vary.

Lição 3

PRÁTICA

3-1

1. Na terça, a Clara vai ao cinema.
2. Na quarta, a Catarina e a Clara nadam no mar.
3. Na quinta, a Clara toca piano.
4. Na sexta, o João celebra o aniversário.
5. No sábado, a Catarina aluga um filme.
6. No domingo, o João e a Clara assistem a um concerto.

3-2 Answers will vary. Sample answers:

1. Caminho e nado.
2. Vou todos os domingos.
3. Escuto música popular.
4. Costumo ler de manhã.
5. Eles dançam e conversam.

3-3 Answers will vary. Sample answers:

1. pequeno almoço: torradas, sumo de laranja, ovos mexidos
2. almoço: peixe, batatas fritas
3. jantar: sopa de legumes, hambúrguer, arroz com frango

3-4

Horizontais:

1. canta
2. compra
3. cinemas
4. casa
5. assistir
6. biblioteca
7. nada
8. cinema
9. abrimos
10. como
11. praia
12. ricas

Verticais:

1. come
2. música
3. estuda
4. assiste
5. morar
6. escritório
7. filme
8. toma
9. dançamos
10. fala
11. escreve
12. jogar
13. mar

3-5 Answers will vary. Sample answers:

Quero, sim, por favor.
Sopa e frango.
Sumo de laranja.
De legumes.
Vou, sim. Arroz doce, por favor.

3-6 Answers will vary. Sample answers:

1. A Maria vai comprar hambúrgueres, cerveja e refrigerantes.
2. O Tomás e a Cristina vão alugar as bicicletas.
3. A Paula vai procurar uns bons CDs e vai conversar muito.
4. Eu vou comprar água.
5. A Cláudia e eu vamos preparar o frango assado.
6. Todos nós vamos tocar guitarra e cantar.

3-7

1. comem, discutem
2. comes, discutes
3. come, discute
4. comemos, discutimos
5. comem, discutem

3-8 Answers will vary.

3-9 Answers will vary. Sample answers:

SEGUNDA: Estudo à noite.
TERÇA: Trabalho de manhã.
QUARTA: Ando de bicicleta à tarde.
QUINTA: Descanso à noite.
SEXTA: Nado de manhã.
SÁBADO: Danço com amigos à noite.
DOMINGO: Converso com a minha mãe.

3-10 Answers will vary.

3-11

1. O José e eu vamos à discoteca.
2. Os estudantes vão ao cinema.
3. A Marta vai a casa da Paula.
4. Tu vais ao ginásio.
5. Eu vou à universidade.

3-12

1. Vou com o Ricardo.
2. Vou de bicicleta.
3. Vou para Cabo Verde.
4. Os meus amigos vão ao cinema.
5. Vou a uma churrascaria.

3-13

1. vai beber um sumo.
2. vais ver um filme.
3. vou ler um livro.
4. vão fazer a tarefa de casa.
5. vamos ouvir música clássica.

3-14 Answers will vary. Sample answers:

1. Ela vai comprar um livro.
2. Eles vão aprender sobre a cultura portuguesa.
3. Vais dançar e conversar com amigos.
4. Vamos tomar café.
5. Vou dormir.

3-15

1. Às sete e meia.
2. Vou, sim. Com a Maria.
3. Telefono, sim.
4. Para Moçambique.
5. Infelizmente não podemos.

3-16 Answers will vary. Sample answers:
Às cinco e meia da tarde trabalho na livraria.
Às onze e meia da manhã assisto a um jogo de futebol americano.
Às nove da noite como comida mexicana.
Etc.

3-17
verdadeiro: 3, 5 falso: 1, 2, 4

3-18

1. temos
2. temos
3. tenho
4. temos
5. têm
6. tens

3-19

1. 230
2. 465
3. 849
4. 712
5. 974
6. 655

3-20
Nordeste
Rio Grande do Norte, Paraíba, Piauí, Pernambuco
573 km
610 km
entre 24° e 30° C

3-21

1. para
2. por (pelo)
3. por
4. para
5. para

3-22

1. para
2. pelas
3. para
4. para
5. pela
6. para
7. pelo

3-23 Answers may vary.

1. Uma marca de café.
2. Fresco, incomparável e estimulante.
3. *O Moreno* é um amigo inseparável nos bons e nos maus momentos.
4. Feliz.
5. Answers will vary.
6. Answers will vary.

3-24 Answers will vary.

3-25 Answers will vary.

3-26 Answers will vary.

3-27
verdadeiro: 1, 3, 5, 7, 8, 9
falso: 2, 4, 6, 10

LABORATÓRIO

3-28

Descrição 1
verdadeiro: 3, 5 falso: 1, 2, 4

Descrição 2
verdadeiro: 1, 3, 5 falso: 2, 4

3-29 Answers will vary. Sample answers:

1. Escuto, sim.
2. Não, não danço.
3. Ando, sim.
4. Não, não converso.
5. Gosto, sim.

3-30
verdadeiro: 2, 5
falso: 1, 3, 4, 6

3-31 Answers will vary.

3-32

1. peixe, batatas
2. presunto, queijo
3. alface, tomate
4. sumo de laranja, arroz
5. leite, cereal
6. frango, legumes
7. café, pão
8. gelado, fruta

3-33 Answers provided in corresponding audio recording.

3-34 Answers provided in corresponding audio recording.

3-35 Answers provided in corresponding audio recording.

3-36

1. S, 15
2. S, 16
3. S, 11
4. Q, 13
5. T, 12
6. Q, 14

3-37 Answers provided in corresponding audio recording.

3-38

1. verdadeiro: 2, 3, 5; falso: 1, 4
2. verdadeiro: 2, 3, 4; falso: 1, 5

3-39

1. 287
2. 504
3. 213
4. 704
5. 1.000

3-40

1. 189
2. 293
3. 410
4. 577
5. 886
6. 764
7. 945
8. 638
9. 1.900
10. 1.000.000

3-41

1. para
2. por
3. pela
4. para

3-42 Answers may vary.
Resposta: Para o Ceará.
Pergunta: Quanto tempo vão ficar?
Resposta: A viagem custa 1.500 euros.
Pergunta: Como é a comida nordestina?
Resposta: O Rui.
Resposta: 667-3245

VÍDEO

3-43

Primeiro passo:

1. vólei
2. televisão
3. cinema
4. passear

Segundo passo: Answers will vary.

3-44

1. c, g, i
2. a, d, e, j
3. b, f, h
4. Answers will vary.

LIÇÃO 4

PRÁTICA

4-1

1. b
2. d
3. e
4. a
5. c

4-2

1. irmã
2. primos
3. pai
4. mãe
5. avós
6. neto
7. tio
8. filha

4-3

1. Economia
2. Suzana Borges Ribeiro
3. pai
4. Elvira
5. filhos
6. cem

4-4 Answers will vary.

4-5 Answers will vary. Sample answers:

1. Eu peço bife, mas o meu irmão pede salada.
2. A minha prima prefere cerveja, mas eu prefiro água mineral.
3. O meu pai sugere carne assada, mas a minha mãe pede peixe.
4. Eu e a minha irmã preferimos frango, mas a nossa avó pede massa com carne.
5. O meu tio sugere salada, mas eu peço sopa.
6. Eu sugiro gelado, mas a minha tia prefere fruta.

4-6 Answers will vary, but should contain the following forms:

1. pode
2. pode
3. posso
4. pode
5. podemos
6. podem

4-7 Answers will vary, but should contain the following forms:
1. durmo
2. dormem
3. dorme
4. dormem
5. dormimos

4-8 Answers will vary. Sample answers:
1. Faço/Sirvo peixe grelhado e uma sobremesa elegante.
2. Peço a comida.
3. Durmo nove horas.
4. Sigo o conselho.
5. Repito a pergunta.

4-9 Answers will vary.

4-10 Answers will vary. Sample answers:
1. De manhã, normalmente tomo café.
2. Falo frequentemente com os meus amigos à noite.
3. Raramente durmo de tarde.
4. Os meus amigos vão à discoteca regularmente.
5. Gosto de viver simplesmente.
6. Vou para a universidade relativamente cedo.

4-11 Answers will vary.

4-12

1. saem
2. diz
3. faz
4. saio
5. faço
6. ponho
7. digo
8. traz
9. põe
10. pomos

4-13 Answers will vary, but should contain the following verb forms:
1. faço
2. saio
3. ponho
4. trago
5. saio

4-14

1. faço
2. fazes
3. Faço
4. trago
5. trazemos
6. digo
7. digo

4-15 Answers will vary. Sample answers:
1. Faço ginástica há cinco anos.
2. Faz dois anos que quero comprar um computador novo.
3. Há dois meses que não durmo 10 horas.
4. Faz três semanas que saio com o Daniel.
5. Não tenho tempo para ler o jornal de domingo há várias semanas.
6. Ouço música cabo-verdiana faz muitos anos.

4-16

1. dormiu
2. telefonou, tomou
3. foi, estudou
4. preparou, serviu
5. saiu, foram

4-17 Answers will vary, but should contain the following verb forms:
1. dormi
2. saí, fomos
3. comi
4. telefonei
5. trabalhei
6. ...

4-18 Answers will vary.

4-19 Answers may vary.
1. São os clubes da terceira idade e uma universidade da terceira idade.
2. Devem ter mais de sessenta anos.
3. Porque são mais felizes e vivem mais.
4. As pessoas podem fazer ginástica, campismo, excursões e participar em festas e celebrações especiais.
5. Oferece cursos de Literatura, Ciências Humanas, Línguas, Pintura, Artes Decorativas e Arraiolos.
6. Criou o "Turismo para a Terceira Idade".
7. A agência oferece viagens aéreas e de autocarro para lugares interessantes com preços reduzidos para os idosos.
8. A agência oferece refeições que consideram as necessidades alimentares dos clientes.
9. Os participantes podem beber água mineral e sumos sem açúcar.

4-20

1. interessantes
2. reduzidos
3. dominantes
4. acompanhadas
5. alimentares
6. aposentada

4-21 Answers will vary.

4-22 Answers will vary.

4-23

1. b
2. a
3. b
4. a
5. c
6. c
7. b
8. c

4-24

1. maior
2. menor
3. Yanomami/Katukina/Tukano
4. jacarés/peixes-boi/sucuris
5. surfistas
6. altas/grandes
7. cinco
8. maior

LABORATÓRIO

4-25

1. António
2. Judite
3. D. Gertrudes
4. Lourdes
5. Pedro
6. Nuno
7. João
8. Sandra

4-26

1. dois avôs
2. onze primas
3. um sobrinho
4. dois meios-irmãos
5. dez tios
6. três irmãs
7. sete tias
8. cinco primos

4-27

1. pai
2. irmão mais velho
3. primo
4. irmão mais novo
5. tia
6. mãe

4-28

Sim: 1, 5 Não: 2, 3, 4

4-29 Answers may vary.

Ernesto Serpa, director da Biblioteca Nacional, ocupado
Ângela, mãe
Pedro, irmão, médico
Cristina, namorada do Pedro, muito jovem, estudante de Medicina
Ester, irmã, numa boutique
Diogo, preguiçoso
Conrado, avô, 70 anos, não trabalha, activo
Leonor, avó, não trabalha, calma

4-30 Answers provided in corresponding audio recording.

4-31 Answers provided in corresponding audio recording.

4-32 Answers provided in corresponding audio recording.

4-33

1. b
2. c
3. c
4. b
5. a

4-34

1. a
2. c
3. b
4. b

4-35 Answers provided in corresponding audio recording.

4-36

Sim: 1, 3, 4 Não: 2, 5

4-37 Answers provided in corresponding audio recording.

4-38 Answers provided in corresponding audio recording.

4-39

1. oito anos
2. quatro anos
3. seis meses
4. três anos

4-40

Alberto: 2, 5
Cristiano: 1, 3, 4, 6
Alberto e Cristiano: 1, 7

4-41

Sim: 1, 2 Não: 3, 4, 5

4-42 Answers may vary.

o pai: Quer ir à praia.
Paulo: Quer nadar e jogar futebol com os amigos.
Sílvia: Quer tomar banhos de sol e ler um livro.
a mãe: Quer ler.
os avós: Querem ficar em casa a descansar e a ver televisão.

VÍDEO

4-43 Answers may vary.

1. São o marido Jorge, a filha Carolina e o filho Vasco.
2. A Carolina tem 11 anos e o Vasco vai fazer 5 anos amanhã.
3. São a mãe da Manuela e os sogros (os pais do Jorge).

4-44

Primeiro passo: Answers may vary.

1. a. Parece-se com a mãe.
   b. Ela é teimosa.
   c. O pai concorda.
2. a. O Vasco também se parece com a mãe.
   b. Na opinião do pai, parece-se com a mãe e com o pai.
   c. Ele também é teimoso (como a mãe e a irmã).

Segundo passo: Answers will vary.

4-45 Answers may vary.

a. É pequena: pai, mãe e um filho.
b. Os avós ajudam com os netos.
c. Porque os avós não trabalham, estão reformados.

4-46 Answers will vary.

4-47

verdadeiro: 1, 4, 6 falso: 2, 3, 5, 7

LIÇÃO 5

PRÁTICA

5-1 Answers may vary.

1. d
2. a
3. d
4. c
5. a, b, c, f
6. e
7. a, b, d
8. f
9. c
10. d, e

5-2

1. sofá
2. cama
3. poltrona
4. candeeiro
5. varanda
6. escada
7. jardim
8. toalha
9. cozinha
10. tapete
11. garagem
12. armário

5-3

1. b
2. a
3. d
4. e
5. c

5-4 Answers will vary. Sample answers:

1. As cortinas são brancas e azuis.
2. A mesa da sala de jantar é castanha.
3. As plantas são verdes.
4. O sofá é amarelo.
5. A casa é cinzenta.

5-5 Answers may vary.

1. d
2. b, f
3. a, b, e

5-6 Answers will vary. Sample answers:

1. lavar a roupa
2. secar a roupa
3. aspirar a casa
4. cozinhar comida
5. manter a comida fria
6. lavar a louça
7. ver um filme
8. ouvir música
9. ler as notícias
10. deitar o lixo fora

5-7 Answers will vary.

5-8 Answers will vary. Sample answers:

1. Estou a comprar um dicionário.
2. Estamos a dormir/a lavar os pratos/a ver um filme.
3. Ela está a dormir.
4. Estão a caminhar e a conversar.
5. Nós estamos a falar português/a escrever uma composição.
6. Estão a cantar e a dançar.
7. Estás a ler um livro.
8. Estão a comer uma sandes.

5-9

1. f
2. b
3. e
4. d
5. c
6. a

5-10

1. Ela está a preparar o pequeno almoço.
2. Eu estou a arrumar os quartos.
3. Ela está a usar o aspirador.
4. Elas estão a limpar os quartos de banho.
5. Ele está a arrumar a sala.
6. Ele está a varrer as folhas do jardim.
7. Ela está a dar um passeio com o cão.
8. Nós estamos a lavar o terraço.

5-11

1. b
2. c
3. a
4. b
5. b

5-12 Answers will vary.

5-13 Answers may vary.

1. O Alberto tem sempre muita sorte.
2. A Lisa está com pressa porque a aula dela começa às dez.
3. Nós temos sempre muito cuidado na estrada.
4. É uma da tarde e os estudantes estão com fome e com sede.
5. Não ficas com fome quando não almoças?
6. Eu tenho medo do professor de Biologia.

5-14

1. aquele	2. essa
3. estes	4. esses
5. este	

5-15

1. isso	2. isto
3. aquilo	4. aquilo
5. isso	6. isto

5-16

1. este	2. nesse
3. destes	4. desses
5. esses	6. estas
7. essas	8. estas
9. nesse	10. essas

5-17

1. O tio Roberto vem mais tarde; ele dá um tapete persa.
2. As sobrinhas Carla e Lita vêm às sete; elas dão CDs de música clássica.
3. A Marina e eu vimos mais cedo; nós damos um perfume.
4. Tu vens antes das sete; tu dás um espelho.
5. As amigas da D. Juliana vêm depois das seis; elas dão uma colecção de filmes em DVD.

5-18

1. lê	2. lêem
3. lemos	4. leio
5. lê; Eu leio...	6. vêem
7. vejo	8. vê
9. vemos	10. vê; Eu vejo...

5-19

1. vejo	2. vemos
3. damos	4. vens
5. dar	6. dá
7. vejo	

5-20

1. sei	2. sabe
3. conhecer	4. conheço
5. sabem	6. sabes

5-21

1. conheces	2. conhecer
3. sabes	4. sei
5. conhece	6. conhecer

5-22 Answers will vary. Sample answers:

1. Eles não sabem lavar roupa.
2. Ele não sabe dançar.
3. Ela não conhece o homem./Ela não sabe quem é o homem.
4. John Foster não sabe falar português./O empregado não sabe falar inglês/português.
5. Eles não conhecem Nova Iorque.

5-23

1. levanta-se	2. olha-se
3. enxuga-se	4. veste-se
5. deita-se	

5-24 Answers will vary, but should contain the following forms:

1. Levanto-me às...
2. Levanto-me... / Não me levanto...
3. Lavo-me...
4. Answer will vary.

5-25 Answers may vary.

1. banco Bancrédito.
2. computador, casa, móveis, pagar os estudos dos filhos
3. € 100.000,00
4. 12 meses, 5 anos
5. a sua assinatura

5-26 Answers may vary.

1. Faça a limpeza com alegria, faça um plano da limpeza e prepare os produtos que vai usar.
2. É melhor limpar a casa nos fins-de-semana porque toda a família está em casa e pode ajudar com a limpeza.
3. As crianças podem tirar o lixo da casa de banho e guardar a sua própria roupa nos armários.
4. Porque todos têm mais energia e a qualidade do trabalho é boa.
5. Answers will vary.

5-27

1. limpeza
2. recomendação
3. alegria

5-28 Answers will vary.

5-29 Answers will vary. Sample answers:
A sala é escura. Recomendo pôr luz artificial.
As paredes estão sujas. Recomendo pintar as paredes.
As janelas estão estragadas. Recomendo janelas novas.

5-30 Answers will vary.

5-31
verdadeiro: 3, 5, 6, 10 falso: 1, 2, 4, 7, 8, 9

LABORATÓRIO

5-32
Sim: 2, 3, 4 Não: 1, 5, 6

5-33 Answers provided in corresponding audio recording.

5-34
sala de estar: sofá, poltrona, mesa e cadeira
cozinha: frigorífico e fogão
sala de jantar: mesa e cadeiras
casa de banho: máquina de lavar e máquina de secar
quarto de dormir: dois roupeiros, cama, mesinha, candeeiro, televisão, tapete, cortinas e quadro

5-35
Adriana: 4, 5 Tomás: 1, 2, 3, 6

5-36 Answers may vary.
Sílvia:
8h00 dorme; 9h30 faz a cama e arruma o quarto; 10h30 vê televisão; 15h00 arruma a sala, aspira a casa, limpa a casa de banho; 17h30 corre na praia; à noite janta na casa de amigos.
Frederico:
8h00 dorme; 9h30 lê o jornal e toma um café; 10h30 lava o carro e escuta o rádio; 15h00 joga ténis; 17h30 bebe alguma coisa e conversa com amigos num café; à noite vai dançar numa discoteca.

5-37 Answers will vary.

5-38

1. b
2. a
3. c
4. e
5. d

5-39 Answers provided in corresponding audio recording.

5-40

1. Está com sono.
2. Está com fome.
3. Está com medo.
4. Está com pressa.
5. Está com sorte.

5-41
Sim: 2, 3, 4 Não: 1, 5

5-42 Answers will vary.

5-43
ao lado: 2, 5 perto: 1, 4 longe: 3, 6

5-44 Answers provided in corresponding audio recording.

5-45 Answers provided in corresponding audio recording.

5-46 Answers provided in corresponding audio recording.

5-47
Sim: 1, 4, 5 Não: 2, 3, 6, 7

5-48
conhece: 2, 5 sabe: 1, 3, 4

5-49 Answers provided in corresponding audio recording.

5-50
Miguel: 5 Alfredo: 1, 3 Miguel e Alfredo: 2, 4

5-51 Answers provided in corresponding audio recording.

5-52
Sim: 1, 4, 5 Não: 2, 3

VÍDEO

5-53

Primeiro passo:

1. Moro num apartamento pequenino.
2. Moro perto de Cascais, num prédio de oito andares.
3. Answers will vary.

Segundo passo:

1. 1 cozinha, 1 casa de banho, 1 sala, 2 quartos
2. 1 cozinha, 2 casas de banho, 1 sala, 3 quartos
3. Answers will vary.

Terceiro passo: Answers will vary.

5-54

Primeiro passo:
verdadeiro: 2, 5, 6 falso: 1, 3, 4

Segundo passo: Answers will vary.

5-55

Primeiro passo:

a. Helena
b. Tomás
c. Filipa

Segundo passo: Answers will vary.

LIÇÃO 6

PRÁTICA

6-1

1. b
2. c
3. d
4. e
5. a

6-2 Answers will vary. Sample answers:

1. Ela usa um vestido e sapatos elegantes.
2. O José veste um fato e a Gabriela usa uma saia e uma blusa.
3. Uso T-shirt e jeans.
4. Ele veste um casaco, cachecol e luvas.
5. Eles usam biquínis, calções e sandálias.

6-3

1. b
2. b
3. b
4. c
5. c

6-4

1. c
2. a
3. b
4. b
5. a
6. b

6-5

1. Nós chegámos ao hotel de manhã.
2. A Alice e a Sónia compraram fatos de banho na loja do hotel.
3. Eu bebi um sumo no bar Copacabana.
4. O Diogo e eu comemos comida cubana no restaurante ao lado do hotel.
5. A Mary usou um biquíni brasileiro na praia.
6. Tu jogaste futebol na praia.

6-6 Answers will vary.

6-7 Answers will vary.

6-8 Answers will vary.

6-9 Answers will vary, but should contain the following verb forms:

1. cheguei
2. fiquei
3. dancei
4. joguei
5. toquei

6-10

1. foi (ser)
2. foram (ir)
3. fui (ir)
4. foi (ser)
5. foste (ir)
6. fomos (ser)

6-11

1. foi
2. fomos
3. foi
4. fomos
5. foi
6. foram

6-12

1. Arrumei-a.
2. Varri-as.
3. Comprei-a.
4. Devolvi-os.
5. Servi-o.

6-13 Answers will vary, but should contain the following structures:

1. mostrou-os/não os mostrou
2. vendeu-as/não as vendeu
3. levou-a/não a levou
4. vendeu-o/não o vendeu
5. organizou-as/não as organizou
6. fechou-a/não a fechou

6-14

1. amas-me
2. amo-te
3. te quero
4. ver-me
5. conheço-a
6. espero-te
7. ver-nos
8. me amas
9. Amo-te

6-15

1. servi-la
2. vê-lo
3. trazê-lo
4. experimentá-lo
5. trazê-los
6. experimentá-los
7. levá-lo
8. vesti-lo
9. vê-la

6-16 Answers may vary. Possible answers:
1. a, e
2. b, c, e
3. e
4. b
5. b, e
6. d, e
7. a, e

6-17
1. por
2. para
3. para
4. para
5. por

6-18
1. para
2. porque
3. por
4. porque
5. para
6. por

6-19 Answers will vary.

6-20
verdadeiro: 2, 3, 4 falso: 1, 5

6-21
1. b
2. c
3. b
4. c
5. b

6-22 Answers may vary.
1. uma festa no escritório
2. uma festa formal
3. uma festa informal

6-23 Answers will vary.

6-24 Answers will vary.

6-25
verdadeiro: 1, 4, 6, 7, 10
falso: 2, 3, 5, 8, 9

LABORATÓRIO

6-26
1. b, d
2. b, c
3. a, c, d
4. a, c

6-27
1. camisa, gravata às riscas, fato azul, meias, sapatos pretos
2. T-shirt, biquíni, chapéu, sandálias
3. saia, blusa, casaco, sapatos

6-28 Answers provided in corresponding audio recording.

6-29
sim: 1, 3, 4 não: 2, 5

6-30
sim: 1, 4, 6 não: 2, 3, 5

6-31 Answers provided in corresponding audio recording.

6-32 Answers provided in corresponding audio recording.

6-33
sim: 2, 3, 4 não: 1, 5, 6

6-34
1. 1970
2. foi
3. amigo
4. foi
5. foram
6. foi
7. foram
8. Foi
9. foram

6-35 Answers provided in corresponding audio recording.

6-36 Answers provided in corresponding audio recording.

6-37 Answers provided in corresponding audio recording.

6-38 Answers provided in corresponding audio recording.

6-39 Answers may vary.
1. um CD (de Sara Tavares), Maria Helena, dia dos anos
2. um jantar (num restaurante elegante), os pais (mãe e pai), aniversário de casamento (24 anos)
3. roupa de baptismo e uma pulseira (de ouro), Letícia (sobrinha e afilhada da Norma), baptizado

6-40
1. a
2. c
3. a
4. a
5. b

VÍDEO

6-41

Primeiro passo:
1. b, d, e, f
2. a, c, g

Segundo passo: Answers will vary.

6-42

Primeiro passo:

1. saias
2. calças
3. clássica
4. desportiva
5. levo
6. calças de ganga
7. ténis
8. fato de treino

Segundo passo:

1. blusa
2. saia
3. vestido
4. meias
5. camisa
6. sapato
7. camisola
8. T-shirt
9. ténis
10. calças
11. sandálias
12. luvas

6-43

1. um peixinho
2. amigas da natação sincronizada
3. dia dos anos (quando fez 18 anos)

LIÇÃO 7

PRÁTICA

7-1

1. futebol
2. ciclismo
3. golfe
4. maratona
5. atletismo
6. automobilismo

7-2 Answers may vary.

1. pista; pista é de automobilismo, cesto e bola são de basquetebol.
2. ciclista; ciclista é de ciclismo, nadar e piscina são de natação.
3. assistir; assistir é o que fazem os adeptos, jogar e correr é o que fazem os atletas.
4. raquete; raquete é equipamento, estádio e campo são espaços onde jogamos.
5. esqui; voleibol e basquetebol usam bola, esqui não usa bola.

7-3

1. a
2. b
3. b
4. c
5. c

7-4

1. b
2. f
3. a
4. e
5. c
6. d

7-5

1. Ele compra-nos bilhetes.
2. Ele dá-lhes instruções.
3. Ele passa-lhe a bola.
4. Ele explica-lhe as regras.
5. Ele dá-lhes o troféu.
6. Ela telefona-me para saber o resultado.

7-6 Answers and verbs (**comprar/dar**) will vary, but should contain the following structures:

1. Vou dar-lhe...
2. Vou comprar-lhes...
3. Vou dar-te...
4. Vou comprar-lhe...
5. Vou dar-lhes...

7-7

1. O Rodrigo viu Rosa Mota ganhar a maratona de Boston.
2. Os fãs da Rosa Mota puderam ver o seu ídolo ganhar o primeiro lugar.
3. Muitos portugueses puseram bandeiras de Portugal nos seus carros depois da corrida.
4. Em Portugal, toda a gente soube a notícia da vitória na mesma hora.
5. O presidente de Portugal quis dar os parabéns a Rosa Mota pessoalmente.

7-8 Answers will vary, but should contain the following verb forms:

1. trouxe
2. pudemos
3. pôde/puderam
4. viemos
5. disseram

7-9 Answers may vary.

1. De manhã, o Carlos e o José fizeram atletismo às sete, depois estiveram na universidade das nove às dez e também souberam o resultado do teste.
2. À tarde, a Rosália pôs o trabalho em dia, depois esteve na biblioteca das duas e meia às cinco e deu o livro de Português à Isabel.
3. À tarde, o Carlos e o José tiveram uma aula de Matemática, viram o professor de Biologia às três e disseram à Rita que vão a festa dela.
4. À noite, a Rosália veio com o Nuno à festa da Rita, deu um presente de aniversário à Rita e esteve na festa até às onze.
5. À noite, os dois amigos vieram à festa com as namoradas, puseram música cabo-verdiana para dançar e estiveram na festa até à meia-noite.

7-10

1. fui
2. estive
3. pude/fui
4. fizemos
5. estivemos
6. vieram/foram
7. fizeram
8. Fez
9. disseram
10. foi

7-11

1. b
2. c
3. a or d
4. e
5. a or d
6. Answers will vary.

7-12 Answers may vary.

1. Antes não ia nadar todas as semanas.
2. Antes a minha mãe telefonava todos os dias.
3. Antes os meus irmãos não estudavam na mesma universidade que eu.
4. Antes não tinha um treinador de ténis.
5. Antes o meu pai não vinha ver jogos de futebol americano na minha universidade.
6. Antes a minha irmã não praticava desporto.

7-13 Answers will vary.

7-14

1. Eram, abriram
2. choveu, estava
3. havia, vieram
4. esperavam, formaram
5. era, fez
6. decidiu, gritava
7. recomeçou, estava
8. houve, ganharam

7-15

1. era
2. fui
3. cheguei
4. fazia
5. descansei
6. estava
7. decidimos
8. queríamos
9. vi
10. comemos

7-16 Answers will vary. Sample answers:

1. Há um ano que a família Rodrigues foi aos Açores.
2. Assisti a um espectáculo de ópera no Teatro São Carlos há um mês.
3. Faz... anos que a Irene e eu visitámos o Museu de Arte Antiga em Lisboa.
4. Há dois dias que o Cristóvão e a Rosa Maria fizeram vela com os amigos portugueses.
5. Vimos um jogo de futebol no estádio do Benfica há... meses.

7-17 Answers will vary.

7-18 Answers will vary.

7-19 Answers may vary.

1. dois meses/sessenta dias
2. individuais e em grupo
3. crianças e jovens (dedicados e pacientes)
4. Os professores são graduados e experientes.
5. As crianças aprendem a defender-se, ganham confiança, segurança e boa preparação física.

7-20

verdadeiro: 2, 3, 5, 7   falso: 1, 4, 6

7-21 Answers will vary.

7-22 Answers will vary.

7-23

1. Alentejo, Algarve
2. cúpulas redondas, paredes caiadas de branco
3. agrícola, turismo
4. azeite (de oliveira), cortiça
5. Évora

7-24

verdadeiro: 2, 3, 7   falso: 1, 4, 5, 6, 8

LABORATÓRIO

7-25

1. esqui
2. ténis
3. futebol

7-26

verdadeiro: 3, 5, 6   falso: 1, 2, 4, 7, 8

7-27 Answers will vary.

7-28 Answers may vary.

Rosa, um dicionário, uma livraria
os irmãos do Augusto, bilhetes para o jogo, **a Internet**
Helena, **uma raquete, uma loja de equipamento para desporto**
Rita, óculos de sol, uma boutique

7-29 Answers provided in corresponding audio recording.

7-30 Answers provided in corresponding audio recording.

7-31 Answers provided in corresponding audio recording.

7-32 Answers provided in corresponding audio recording.

7-33

sim: 1, 3, 4   não: 2, 5, 6

7-34 Answers provided in corresponding audio recording.

7-35 Answers provided in corresponding audio recording.

7-36 Answers provided in corresponding audio recording.

7-37

1. Fernanda Ribeiro nasceu em Penafiel.
2. Praticava atletismo no clube de Valongo e no Kolossal.
3. Com 11 anos ganhou o segundo lugar da meia-maratona da Nazaré.
4. Em 1982, ganhou o título regional e nacional na categoria de juniores.
5. Ganhou os 3.000 metros no Campeonato da Europa de Juniores.
6. Tinha como treinador João Campos.
7. Ganhou os 3.000 metros do Campeonato do Mundo em Paris.
8. Medalha de ouro e de prata no Campeonato de Europa em Helsínquia.
9. Representou a Europa na Taça do Mundo, onde ganhou a medalha de prata.
10. Bateu o record mundial dos 5.000 metros.
11. Medalha de ouro dos 10.000 metros nos Jogos Olímpicos de Atlanta em 1996.
12. Medalha de bronze nos Jogos Olímpicos de Sydney.

7-38 Answers may vary.

Acção terminada: Ela saiu mais tarde para o treino./ A Verónica telefonou./A Mariana não levou o equipamento./Ela teve que voltar a casa./Ela perdeu mais tempo./Ela chegou à paragem do autocarro./Um carro parou./Ouviu uma voz./Elas chegaram ao Centro de Atletismo às nove e quinze.

Acção habitual: Normalmente ela saía de casa cedo./ Ela ia sempre de autocarro./Ela apanhava um táxi./Ela não gostava de ter a treinadora e as colegas à espera./A Paula ia para o treino de natação.

Descrição: Chovia e fazia muito vento./A Mariana estava com muita pressa./A fila estava enorme./ Não havia um táxi./Ela estava preocupada./Era a sua colega Paula./A Paula podia levá-la./Havia muito trânsito.

7-39 Answers may vary.

1. foi para a Figueira da Foz e o tempo lá estava horrível/choveu o tempo todo.
2. esteve fabuloso.
3. podia passar o fim-de-semana na praia a nadar e a tomar banhos de sol.
4. não puderam ir a Coimbra e voltaram a Lisboa muito mais cedo.
5. pararam num resturante e almoçaram muito bem.

7-40 Answers provided in corresponding audio recording.

7-41

verdadeiro: 3, 5, 7, 8 falso: 1, 2, 4, 6

7-42

1. um tempo maravilhoso
2. queria
3. estádio
4. tinha
5. decidiu ver o jogo
6. deu
7. saiu
8. chegar

VÍDEO

7-43

Primeiro passo: Answers may vary.

1. O desporto preferido do Tomás é o futebol.
2. Ele joga quatro vezes por semana.
3. Nos fins-de-semana ele joga com os amigos.
4. No Verão, ele costuma jogar ténis.
5. Ele treina voleibol com mais três ou quatro amigos, na equipa das raparigas, duas vezes por semana.

Segundo passo: Answers will vary.

7-44

Primeiro passo: Answers may vary.

1. futebol; jogador da selecção nacional, era do Sporting (o clube do Márcio)
2. Michael Jordan; basquetebol (NBA); já está aposentado
3. Fórmula Um; era piloto, era pro

Segundo passo: Answers will vary.

7-45

Primeiro passo:

1. tropical
2. Angola

Segundo passo: Answers will vary.

LIÇÃO 8

PRÁTICA

8-1

1. f
2. e
3. c
4. b
5. a
6. d

8-2

1. Independência
2. Natal
3. Graças
4. Carnaval
5. Novo
6. santo

Solução: Páscoa

8-3 Answers will vary.

8-4 Answers will vary.

8-5 Answers will vary. Sample answers:

1. Faço mais desporto do que a minha irmã.
2. Vou a menos festas que o meu amigo Paul.
3. Sou mais optimista do que o meu avô.
4. Celebro mais feriados que a família do Paul.
5. Compro presentes menos caros do que os meus pais.
6. Como mais fruta e verduras do que a minha prima Mila.

8-6

1. mais de
2. mais de
3. menos de
4. Answers will vary.
5. Answers will vary.

8-7 Answers will vary.

8-8 Answers will vary.

8-9 Answers will vary. Sample answers:

1. O Brasil é maior do que Angola./Moçambique é mais pequeno do que Angola.
2. O James Bond é melhor do que o Super-Homem./O Homem Aranha é pior que o Super-Homem.
3. O Rio Delaware é menor que o Rio Tejo./O Rio Amazonas é maior do que o Rio Tejo.
4. O Verão é melhor do que o Inverno./O Inverno é pior do que a Primavera.

8-10 Answers will vary. Sample answers:

1. A música cabo-verdiana é tão bonita como a música cubana.
2. O Natal é tão importante como o Chanuká em minha casa.
3. Há tantas festas em Portugal como nos Estados Unidos.
4. Eu gosto tanto do Dia de Acção de Graças como do dia dos meus anos.
5. As crianças recebem tantos presentes no Natal como no dia dos anos.

8-11 Answers will vary, but should contain the following structures:

1. Sou/Não sou tão interessante como...
2. Jogo/Não jogo futebol tão bem como...
3. Tenho/Não tenho tanto dinheiro como...
4. Sou/Não sou tão alto/a como...
5. Tenho/Não tenho tanta habilidade para cantar como...
6. Recebo/Não recebo tantos convites para festas como...

8-12 Answers will vary.

8-13 Answers will vary.

8-14

1. famosíssimas
2. animadíssimos
3. divertidíssimos
4. mais características
5. estreitíssimas
6. variadíssimas
7. os melhores
8. maior

8-15

1. O Sr. Nunes é o mais velho dos três.
2. O Sérgio é o mais alto dos três.
3. A Isabel é a mais baixa dos três.
4. O Sérgio é o mais gordo/pesado dos três.
5. A Isabel é a mais magra/a menos pesada dos três.

8-16

1. comigo
2. sem mim
3. connosco
4. contigo
5. para mim
6. com ele
7. de mim, dela
8. para si

8-17 Answers will vary, but should contain the following expressions:

1. comigo
2. a casa dela
3. para ti
4. com eles
5. contigo

8-18 Answers may vary.

1. chama-se
2. divertir-se
3. me preocupo
4. se preocupam
5. se sente
6. levanta-se
7. levanto-me
8. nos levantamos
9. se vestir
10. se senta
11. divertimo-nos
12. nos lembramos

8-19 Answers will vary.

8-20

religioso: 2, 4, 9, 11 não religioso: 1, 3, 6, 7, 10, 12
pessoal: 5, 8

8-21 Some answers may vary.

1. Proclamação da República (5 de Outubro), Dia da Liberdade (25 de Abril)
2. juntar o feriado da quinta feira com a sexta-feira, criando um fim-de-semana prolongado
3. Dia da Independência (5 de Julho), Dia dos Heróis Nacionais (20 de Janeiro)
4. Dia dos Heróis Nacionais, Idul Fitri, Idul Adha

8-22

verdadeiro: 3, 4, 8 falso: 1, 2, 5, 6, 7

8-23 Answers will vary.

8-24 Answers will vary.

8-25

verdadeiro: 1, 2, 4, 5, 8, 9, 12, 15
falso: 3, 6, 7, 9, 10, 11, 13, 14

LABORATÓRIO

8-26

1. a
2. c
3. b
4. c

8-27 Answers will vary.

8-28

1. Portugal
2. Porto
3. Casa da Música
4. Santos Populares
5. Santo António
6. Avenida da Liberdade
7. os bairros mais antigos
8. a história de Lisboa
9. Alfama
10. sardinhas assadas
11. fado
12. São João

8-29

sim: 1, 3, 4, 5 não: 2, 6

8-30

André Gomes: 22 anos/mais experiência/mais de 80 kg/2,04 m
Roberto Lutonda: 19 anos/menos experiência/ 70 kg/1,98 m

1. 22, 19, mais alto
2. mais, do que/que
3. menos, do que/que
4. menos (do) que

8-31 Answers provided in corresponding audio recording.

8-32

sim: 1, 4, 5, 8 não: 2, 3, 6, 7

8-33 Answers provided in corresponding audio recording.

8-34 Answers provided in corresponding audio recording.

8-35

o mais popular = Vítor; o menos arrogante = Sérgio; os mais simpáticos = Vítor e Ângelo; o mais estudioso = Aurélio; o mais giro: Sérgio ou Ângelo

8-36

1. famosíssimas
2. lindíssimas
3. interessantíssimas
4. importantíssimo
5. óptimo
6. muitíssimos
7. a maior

8-37 Answers provided in corresponding audio recording.

8-38 Answers provided in corresponding audio recording.

8-39

1. A Carla e o Frederico vão com o Lucas.
2. A Catarina e a Amanda vão com a Patrícia.
3. A Irene vai com o Carlos e o Eduardo.

8-40 Answers provided in corresponding audio recording.

8-41 Answers provided in corresponding audio recording.

8-42

1. divertir-se
2. vai-se deitar
3. se estão a vestir
4. veste-se
5. se sentir

8-43

sim: 1, 3, 4, 5, 7 não: 2, 6, 8, 9

VÍDEO

8-44 Answers may vary.

1. a. 1 de Janeiro, o primeiro dia do ano
   b. É um dia de festa, onde a gente toma uma série de decisões sobre o que quer fazer no ano seguinte, o que quer fazer melhor, etc. É um dia alegre.
2. a. O feriado favorito dele é a Páscoa, por tradição de família.
   b. O pai dele nasceu em Castelo de Vide, no Alentejo, onde a Páscoa tem grande importância.
3. Answers will vary.

8-45

1. c
2. d
3. d
4. b

8-46 Answers may vary.

1. o bócadu
2. O Adolónimo não sabe.
3. Fazia-se vários pratos típicos e a pessoa mais velha da casa tirava um bocado de comida de cada prato, comia e depois passava pelos outros.
4. Porque a família dele está toda separada.

LIÇÃO 9

PRÁTICA

9-1

1. um hotel
2. um laboratório
3. um hospital
4. um carro
5. um banco
6. uma casa

9-2

1. psicólogo/a
2. advogado/a
3. empregado/a
4. actor/actriz
5. professor/a

9-3

1. polícia
2. canalizador/a
3. cabeleireiro/a
4. intérprete
5. caixa
6. médico/a

9-4 Answers will vary.

9-5

1. c
2. e
3. d
4. b
5. a

9-6 Answers will vary. Sample answers:

1. Prepara-se e serve-se comida.
2. Fala-se com clientes.
3. Escreve-se/Escrevem-se notícias e artigos.
4. Compra-se roupa.
5. Vê-se/Vêem-se filmes.
6. Nada-se e toma-se banhos de sol.

9-7 Answers may vary.

1. Vende-se equipamento de ténis.
2. Vende-se escritório.
3. Repara-se/Reparam-se electrodomésticos.
4. Vende-se computador.
5. Lava-se/Lavam-se tapetes e carpetes.

9-8 Answers will vary.

9-9

1. queria, pôde
2. conheceu, conheciam
3. soube, telefonou
4. sabia, tinha, trabalhavam

9-10 Answers will vary.

9-11 Answers will vary. Sample answers:

1. Eles iam fazer um modelo do projecto...
2. O João ia comprar os materiais...
3. Eles iam pedir ajuda ao director...
4. O João ia falar com o técnico...
5. Eles iam acabar tudo até à meia-noite...

9-12

1. A D. Gabriela estava a preparar um relatório.
2. O Alberto e a Rosa estavam a falar com dois clientes.
3. A secretária estava a preparar a reunião de amanhã.
4. A Irene estava a beber um café no gabinete dela.
5. O contabilista estava a fazer o balanço das contas.

9-13

1. De Angola.
2. Para a Dra. Fernanda Lemos.
3. Com o director geral.
4. Para fazer as encomendas.
5. Ao Dr. Santos Serra.
6. Com as internacionais.
7. Ao departamento de finanças.
8. Para casa dos clientes.

9-14

1. Qual
2. Quais
3. Que
4. Que
5. Quais
6. Qual
7. Qual
8. Quais

9-15 Answers will vary. Sample answers:

1. Onde trabalha actualmente?
2. Com quantas companhias trabalhou nos últimos 10 anos?
3. De quem são as suas referências?
4. Que línguas fala?
5. Qual é o salário que pretende ganhar?
6. Em caso de acidente, para onde devo mandar um aviso?
7. Quais são as suas principais preocupações em relação a este emprego?

9-16

1. a
2. b
3. c
4. b
5. a

9-17

1. Não dêem banho ao cão.
2. Não saiam para a rua.
3. Não se deitem no sofá.
4. Não brinquem com o computador.
5. Não escrevam nas paredes.

9-18

1. Durma oito horas.
2. Coma fruta e verduras ao almoço.
3. Siga a dieta todos os dias.
4. Não coma hambúrgueres.
5. Brinque com os seus netos.
6. Não trabalhe mais de seis horas.

9-19

1. Feche, sim.
2. Fique, sim.
3. Traga, sim.
4. Sirva, sim.
5. Leia, sim.

9-20

1. Abra as janelas de manhã.
2. Guarde o jornal.
3. Leve o cão para dar um passeio.
4. Busque o correio.
5. Feche as portas e janelas à noite.

9-21 Answers will vary.

9-22 Answers may vary.

A. 1. secretária executiva bilingue
 2. experiência mínima de 4 anos e conhecimentos de processador de texto
 3. excelente relacionamento pessoal e boa apresentação
 4. Curriculum Vitae, foto recente e pretensão salarial
 5. Escritório de Recrutamento, Constroitudo, Rua Camões, 45, 4900-360 Viana do Castelo

B. 1. Falso. Os postos de trabalho são para ambos os sexos.
 2. Verdadeiro.
 3. Falso. O trabalho não requer tempo inteiro.
 4. Falso. O trabalho exige boa apresentação.
 5. Verdadeiro.
 6. Falso. O chefe de Recursos Humanos só está disponível das 9 às 13hrs e das 14 às 18hrs.

C. 1. vendedora
 2. quarenta e cinco anos
 3. solteira

4. experiência em programação, boa apresentação e dinamismo, interessada em começar uma carreira em vendas de computadores e em viajar ao estrangeiro
5. conhecimento de línguas
6. curriculum vitae e fotografia
7. Recrutamento Compumax, C.C. Vasco da Gama, Loja 2035, Av. D. João II, Lote 1.705.02, 1900-01 Lisboa

9-23 Answers will vary.

9-24 Answers will vary.

9-25 Answers will vary.

9-26

verdadeiro: 3, 5, 6, 8 falso: 1, 2, 4, 7

9-27

1. Ponta Delgada
2. São Miguel
3. sub-tropical
4. montanhas
5. Oceano Atlântico
6. agricultura
7. baleia
8. Rhode Island
9. Massachusetts
10. leite e queijo

LABORATÓRIO

9-28

1. arquitecto
2. intérprete
3. psicóloga
4. médica
5. advogada
6. mecânico

9-29

1. caixa
2. cozinheiro
3. piloto
4. veterinária
5. actor
6. enfermeira

9-30

1. cientista
2. jornalista
3. homem/mulher de negócios
4. polícia

9-31

verdadeiro: 2, 3, 4 falso: 1, 5

9-32

1. café
2. biblioteca
3. campo
4. cozinha
5. loja
6. banco

9-33 Answers provided in corresponding audio recording.

9-34

1. conheceu
2. sabia
3. queria, pôde
4. foi
5. conhecia
6. disse

9-35

1. b
2. c
3. d
4. e
5. a

9-36 Answers provided in corresponding audio recording.

9-37

1. c
2. a
3. e
4. b
5. f
6. d

9-38 Answers provided in corresponding audio recording.

9-39 Answers may vary.

1. Qual é a companhia aérea preferida do turista português?
2. Quais são as melhores qualidades da Air Luso?
3. Quem aprecia o conforto dos aviões da Air Luso?
4. Qual é a melhor publicidade da Air Luso?
5. Qual é o nosso destino mais procurado?
6. Para quem é o grande prémio?

9-40

sim: 1, 3, 4, 6 não: 2, 5

9-41

sim: 1, 2, 5 não: 3, 4

9-42 Answers provided in corresponding audio recording.

9-43 Answers provided in corresponding audio recording.

9-44 Answers provided in corresponding audio recording.

9-45 Answers may vary.

mãe, advogada, cozinhar pratos vegetarianos
pai, arquitecto, desporto
Marília, médica (no futuro), ler livros científicos

9-46 Answers may vary.

Anita:

profissão: advogada; problema: deixou a carteira em casa; solução: pagou com cartão de crédito

Rogério:

profissão: economista; problemas: 1) carro tinha pouca gasolina; 2) não tinha dinheiro para pagar a conta no restaurante; soluções: 1) pronto-socorro, mecânico; 2) pediu dinheiro à Anita

VÍDEO

9-47

1. f, h   2. e, i   3. a, c, g   4. b, d

9-48

1. directora de um departamento
2. comunicação e animação social
3. fazer novos aderentes
4. tirou um curso

9-49 Answers may vary.

1. A Manuela acha que o mercado de trabalho está a passar uma crise muito grande. Principalmente para os jovens que acabaram os seus cursos universitários há pouco tempo ou para as pessoas que têm mais de 45 anos de idade.
2. De acordo com o Márcio, o mercado de trabalho em Portugal está um bocado saturado. Muitas areas estão complicadas. O facto de ser estrangeiro e angolano dificultou-lhe bastante encontrar trabalho e ele teve muitas recusas por causa de ser estrangeiro.
3. Answers will vary.

LIÇÃO 10

PRÁTICA

10-1

1. e   2. a
3. d   4. b
5. f   6. c

10-2 Answers will vary.

10-3 Answers may vary.

1. a, b   2. d
3. c, f   4. c
5. e   6. a, d

10-4 Answers will vary.

10-5 Answers will vary.

10-6

1. b   2. c
3. b   4. a
5. c   6. a

10-7

1. Eles querem que eu dê comida ao Max duas vezes por dia.
2. Eles querem que eu brinque com ele todos os dias.
3. Eles querem que eu leve o cão à rua.
4. Eles querem que eu ponha água fresca para o Max todas as manhãs.
5. Eles querem que eu lhe dê banho no fim-de-semana.
6. Eles querem que eu lhe compre biscoitos de cão.

10-8

1. haja
2. corra
3. cozinha
4. põem
5. chegue
6. comam
7. peças
8. ajude
9. sinta

10-9 Answers will vary. Sample answers:

1. Espero que durmas oito horas esta noite.
2. Prefiro que comas menos carne vermelha e mais peixe.
3. Preciso que venhas mais cedo para o treino amanhã.
4. Quero que tragas o equipamento para o estádio.
5. Oxalá jogues bem no sábado.

10-10 Answers will vary.

10-11 Answers will vary.

10-12

1. Não acredito que todos os portugueses gostem de bacalhau.
2. Não acredito que todas as crianças americanas queiram comer hambúrgueres todos os dias.
3. Não acredito que todos os mexicanos bebam tequila e saibam fazer tortilhas.
4. Não acredito que todos os açorianos sejam leiteiros ou pescadores.
5. Não acredito que todos os portugueses saibam cantar fado.

10-13 Answers will vary. Sample answers:

1. Acredito que as comidas rápidas têm muita gordura saturada.
2. Acho que é importante ensinar às crianças uma dieta saudável.
3. Talvez seja necessário financiar projectos de investigação sobre a obesidade.
4. Acho que as pessoas gordas precisam de fazer dieta para emagrecer.
5. É possível que os vegetarianos sejam mais saudáveis do que as pessoas que comem carne.
6. Duvido que os americanos saibam muito sobre as propriedades dos alimentos.

10-14

1. é
2. haja
3. comece
4. veja
5. encontrem
6. sejam
7. pode
8. visitem
9. tem
10. possa
11. provem
12. oferece

10-15

1. Arruma a cozinha! Não passes horas ao telefone!
2. Serve o jantar! Não saias depois do jantar!
3. Bebam leite ao jantar! Não vejam televisão!
4. Comam os legumes! Não fiquem acordados até tarde!

10-16 Answers will vary.

10-17 Answers will vary.

10-18

A. verdadeiro: 3, 4, 5, 8, 9 falso: 1, 2, 6, 7, 10

B. 1. galinha, ananás e coco
2. cebola
3. feijoada à timorense e biscoitos de laranja
4. A couve não é cozida e servida separadamente na feijoada moçambicana, que combina todos os ingredientes na mesma panela. A feijoada moçambicana inclui mais legumes do que a feijoada brasileira.
5. pastéis de nata
6. licor de cacau

10-19 Answers will vary.

10-20 Answers will vary.

10-21 Answers will vary.

10-22

verdadeiro: 2, 3, 5, 7, 8, 10 falso: 1, 4, 6, 9

10-23 Answers to 3 and 5 may vary.

1. Luanda
2. (Novembro de) 1975
3. petróleo, diamantes, florestas
4. ovimbundo
5. Luandino Vieira, Pepetela, Manuel Rui

LABORATÓRIO

10-24

tomate/alface/ovos/limões/carne

10-25

sim: 1, 4 não: 2, 3, 5

10-26

sim: 1, 2 não: 3, 4, 5

10-27

1. tablecloth
2. wine bottle
3. fork
4. knife
5. spoon
6. teaspoon
7. napkin
8. glass
9. cup

10-28

sim: 1, 2, 4 não: 3, 5, 6

10-29 Answers provided in corresponding audio recording.

10-30 Answers provided in corresponding audio recording.

10-31 Answers provided in corresponding audio recording.

10-32

1. a 2. c 3. b 4. b

10-33

sim: 2, 4 não: 1, 3, 5

10-34 Answers provided in corresponding audio recording.

10-35 Answers provided in corresponding audio recording.

10-36 Answers provided in corresponding audio recording.

10-37 Answers provided in corresponding audio recording.

10-38

sim: 2, 4 não: 1, 3, 5

10-39

1. arroz de marisco
2. lhe diga quantos amigos vêm à festa
3. venham à festa
4. é muito divertido

VÍDEO

10-40

1. d, e, g, i
2. a, c, h
3. b, f

10-41 Answers may vary.

1. A Alexandra come três refeições: pequeno almoço, almoço e jantar.
2. O Adolónimo faz cinco ou seis refeições por dia. Ele petisca aqui e ali entre as refeições.
3. A Manuela toma o pequeno almoço, um bom almoço, um lanche à tarde e o jantar. A meio da manhã ela come um iogurte ou cereais.
4. Answers will vary.

10-42

Primeiro passo:

1. carne
2. peixe
3. arroz
4. mandioca
5. batata doce
6. a batata do reino

Segundo passo: Answers will vary.

LIÇÃO 11

PRÁTICA

11-1

cabeça: orelha, nariz, testa, cabelo, boca, olho, rosto
tronco: cintura, quadris, ombro, pescoço, peito, costas
membros: joelho, perna, dedo, cotovelo, braço, mão, pé

11-2

1. o sangue
2. o estômago
3. o ouvido
4. as veias
5. os pulmões
6. o pescoço
7. o pulso
8. o cotovelo
9. o joelho
10. os olhos

11-3 Answers will vary.

11-4 Answers will vary.

11-5 Answers will vary.

11-6

1. vá
2. saias
3. é
4. sejas
5. estar
6. termines
7. tenham
8. pensem
9. te divirtas

11-7

1. Ele gosta que nós caminhemos muito.
2. Ele receia que nós gastemos muito no centro comercial.
3. Ele está preocupado que nós fiquemos doentes.
4. Ele fica feliz que nós comamos comida saudável.
5. Ele detesta que nós joguemos no computador.

11-8 Answers will vary. Sample answers:

1. A Júlia espera que tu vás ao médico.
2. Os meus pais receiam que eu esteja doente.
3. Tu alegras-te que o tio José saia do hospital.
4. Eu preocupo-me que a avó Margarida parta uma perna.
5. A minha irmã fica feliz que eu coma bem.

11-9 Answers will vary but should begin as follows:

1. Tomemos o pequeno almoço...
2. Limpemos o apartamento...
3. Lavemos a roupa...
4. Comamos fora...
5. Levantemo-nos...
6. Joguemos cartas...

11-10 Answers will vary.

11-11

1. O Jorge vai trocar pratos de carne por produtos de soja.
2. O Jorge vai trocar café por chás de ervas naturais.
3. O Jorge vai trocar batatas fritas por arroz e verduras.
4. O Jorge vai trocar o médico da clínica universitária por um acupuncturista.
5. O Jorge vai trocar fruta com pesticidas por fruta biológica.

11-12

1. por
2. para
3. para
4. para
5. para
6. pelo
7. para
8. para
9. pela
10. para

11-13

1. pelas
2. por
3. para
4. para, por
5. para, pela
6. para
7. para
8. pelo, pelos
9. pela, por, para

11-14 Answers will vary.

11-15 Answers will vary.

11-16

1. que
2. que
3. quem
4. que
5. quem

11-17

1. Este é o meu irmão que trabalha na Alemanha.
2. Esta é a minha tia de quem gosto muito.
3. Estes são os meus primos com quem fui a Paris no ano passado.
4. Este é o meu primo que vai estudar nos Estados Unidos este ano.
5. Estas são as minhas tias para quem comprei presentes na semana passada.

11-18

1. o pão integral
2. o peixe grelhado
3. a mostarda
4. uma laranja
5. o azeite
6. o iogurte

11-19

verdadeiro: 1, 3, 5 falso: 2, 4, 6

11-20

1. b
2. a
3. b
4. c

11-21 Answers will vary.

11-22 Answers may vary.

1. Uma criança obesa tem mais probabilidades de se tornar num adulto obeso.
2. Diminuindo o consumo de açúcar e de gordura.
3. a. em sopas, massas, purés e outros pratos
   b. escolhendo iogurtes naturais e acrescentando pedaços de fruta fresca da época.

11-23 Answers will vary.

11-24

verdadeiro: 1, 4, 6, 7, 10 falso: 2, 3, 5, 8, 9, 11, 12

LABORATÓRIO

11-25

1. a
2. a
3. c

11-26

sim: 1, 5 não: 2, 3, 4

11-27

bom: 1, 2, 5, 8 mau: 3, 4, 6, 7

11-28 Answers may vary.

1. o farmacêutico (o Sr. Nunes)
2. umas vitaminas mais fortes
3. Forvital 500
4. Forvital 500 (as vitaminas que o farmacêutico recomendou)

11-29 Answers may vary.

1. e, h
2. f
3. g
4. a
5. d
6. c
7. b

11-30 Answers may vary.

A Maria Isabel está contente que o António esteja melhor/possa jogar nos jogos mais importantes.

A Maria Isabel lamenta que o António tenha dores no tornozelo/não possa jogar neste sábado.

11-31

sim: 1, 2, 3, 5   não: 4

11-32

sim: 1, 3   não: 2, 4, 5

11-33

1. pelo
2. Para
3. para, para
4. pelas
5. para
6. para

11-34 Answers provided in corresponding audio recording.

11-35 Answers provided in corresponding audio recording.

11-36 Answers provided in corresponding audio recording.

11-37

sim: 1, 3, 5   não: 2, 4

11-38

1. a
2. c
3. a
4. c
5. b

11-39 Answers may vary.

Marina: cedo/saudável, refeições no horário certo, só come fruta entre as refeições/corre, gosta de voleibol/desportos, música popular portuguesa e cabo-verdiana, cinema

Bárbara: tarde/vegetariana, come sopas, massas, legumes e fruta/natação/ir à praia, ler, ouvir música clássica, ver televisão

VÍDEO

11-40 Answers may vary.

1. quando está sozinho
2. tem uma doença, uma tosse, sente uma coisa esquisita
3. ficar doente
4. achar que é saudável
5. análises anualmente
6. Answers will vary.

11-41

Primeiro passo:

1. faço
2. fiz
3. disse
4. comer
5. continuar
6. dez quilos ou cinco quilos

Segundo passo: Answers will vary.

11-42

1. a. uma tosse, uma constipação
   b. chá de limão, chá de flor de sabugueiro
2. Answers will vary

11-43 Answers may vary.

Primeiro passo:

1. Dá acesso a toda a gente.
2. Tem muitas listas de espera, as pessoas têm que esperar muito para ter uma consulta, às vezes levam anos para fazer uma operação.

Segundo passo: Answers will vary.

LIÇÃO 12

PRÁTICA

12-1

1. e
2. c
3. a
4. b
5. d

12-2

1. o passaporte
2. o cartão de embarque
3. os cheques de viagem
4. a alfândega
5. a passagem/o bilhete de ida e volta

12-3

1. porta-bagagens
2. volante
3. cinto de segurança
4. motor
5. pára-brisas
6. gasolina
7. pneus

12-4

1. Lavei o carro.
2. Passei o aspirador nos bancos.

3. Limpei o porta-bagagens.
4. Mudei o óleo.
5. Pus ar nos pneus.
6. Enchi o tanque de gasolina.

12-5
1. um quarto simples
2. a recepção
3. a chave/o cartão-chave
4. o cofre
5. fazer uma reserva/reservar

12-6
1. telefone
2. carta
3. envelope
4. correio
5. um selo/selos
6. caixa do correio

12-7 Answers will vary.

12-8 Answers may vary.
1. No aeroporto ninguém ajudou os passageiros.
2. Não provámos nenhum prato regional.
3. Também não visitámos os museus.
4. Não vimos nenhum local interessante.
5. Nada deu certo durante a viagem.

12-9 Answers may vary.
1. Nunca se come bem aqui.
2. Nenhum empregado é amável.
3. Eles também não servem (nada) bem.
4. Nenhuma pessoa famosa vem a este restaurante.
5. O restaurante nunca está cheio.

12-10 Answers will vary.

12-11 Answers will vary.

12-12 Answers will vary. Sample answers:
1. Não conheço muitos restaurantes no campus que sirvam comida chinesa.
2. O/A reitor/a da universidade procura alguém que dê dinheiro para a universidade.
3. Temos muitos professores que ensinam línguas modernas.
4. Conheço alguns estudantes que moram na universidade.
5. Não há muitos edifícios que sejam muito modernos.
6. Precisamos de professores que sejam competentes e pacientes.

12-13 Answers will vary. Sample answers:
1. Há muitos navios que são grandes e modernos.
2. Este é o navio que sai de Lisboa.
3. Os clientes procuram sempre cruzeiros que tenham piscina e espectáculos à noite.
4. Eles desejam um camarote que tenha janela ou varanda.
5. Eles preferem um cruzeiro que passe pelas ilhas do Pico e das Flores.

12-14 Answers will vary.

12-15
1. tenha
2. haja
3. seja
4. faça
5. prefira

12-16
1. Compro o carro para que possas procurar um emprego.
2. Compro o carro para que não me peças sempre o meu.
3. Compro o carro para que não percas tempo à espera do autocarro.
4. Compro o carro para que possas levar os teus amigos à praia.
5. Compro o carro para que tragas as compras do supermercado.

12-17
1. faças
2. dês
3. esteja
4. se atrase
5. haja

12-18 Answers will vary.

12-19 Answers may vary.
1. ficasse/me sentasse
2. procurasse/reservasse/marcasse
3. ficasse
4. reservasse
5. procurasse/marcasse
6. fizesse
7. pagasse
8. cancelasse

12-20 Answers will vary.

12-21 Answers will vary. Sample answers:
1. Não permiti que os meus pais cancelassem a viagem da nossa família para o Havaí.
2. Adorei que a minha melhor amiga me convidasse para fazer um cruzeiro com ela.
3. Não acreditei que o meu primo ganhasse cinco milhões de dólares na lotaria.

4. Gostei que o meu pai me fizesse uma reserva num hotel de cinco estrelas.
5. Lamentei que os meus amigos tivessem um acidente de carro.
6. Fiquei feliz que o meu professor de Matemática dissesse que eu era um génio.

12-22

1. Compro a passagem para a viagem.
2. Faço as malas.
3. Apanho um táxi para o aeroporto.
4. Faço o check-in.
5. Vou para a sala de espera.
6. Entro no avião.
7. Procuro o meu lugar.
8. Peço uma revista ao comissário de bordo.

12-23

1. faça
2. ponham
3. respeitar
4. ultrapasse
5. conduzam
6. use

12-24 Answers will vary.

12-25 Answers may vary.

Para o trabalho: salas pequenas para reuniões, salas com computador e projector para 50 pessoas, Internet, amplo parque de estacionamento, autocarro executivo do aeroporto de Faro para o hotel

Para lazer: TV cabo, jardins, ginásio, sauna, piscina, mesas de bilhar e pingue-pongue

Para as crianças: TV cabo, sala de jogos, Internet, piscina, mesas de pingue-pongue

12-26 Answers will vary.

12-27

1. Oceano Índico
2. 20 milhões
3. Maputo
4. português
5. Maputo
6. imperador
7. Açores
8. 1975
9. guerra civil
10. leões (*or*: leopardos, elefantes, hipopótamos, antílopes)
11. leopardos (*or*: leões, elefantes, hipopótamos, antílopes)
12. ecossistemas
13. gastronomia
14. escritora
15. pintor

LABORATÓRIO

12-28

1. o comboio
2. a bicicleta
3. o avião
4. o carro
5. o barco
6. o autocarro
7. a motocicleta
8. o camião

12-29

1. 120, Maputo, 10
2. 969, Lisboa, 18A
3. 1048, Nova Iorque, 22
4. 340, Madrid, 30C
5. 65, Luanda, 12

12-30 Answers may vary.

1. Luanda (Angola); nadar, andar de barco, passear com amigos; Estudos Africanos
2. Salvador da Bahia (Brasil); ir à praia, explorar a história local, jogar capoeira; História do Brasil
3. Nova Iorque (Estados Unidos); correr na maratona, visitar Chinatown; Chinês
4. Serra da Estrela (Portugal); esquiar, visitar igrejas e castelos; História da Arte
5. Moçambique; fazer ecoturismo, passeios na floresta tropical e savana, mergulho; Biologia

12-31

1. balcão da companhia aérea (no aeroporto)
2. à janela
3. à frente, no meio da fila
4. uma mala
5. a (número) 22

12-32

sim: 2, 4, 5 não: 1, 3, 6

12-33

1. reserva
2. duplo
3. o número
4. estiveram
5. João Cunha
6. formulário
7. a bagagem

12-34
sim: 2, 4 não: 1, 3, 5

12-35
1. engine
2. radiator
3. steering wheel
4. bumper
5. safety belt
6. windshield
7. trunk
8. wheel
9. window

12-36

1. b	2. b
3. a	4. b
5. c	

12-37
1. autocarro, sempre
2. avião, nunca
3. carro, sempre
4. comboio, às vezes
5. metro, sempre

12-38

1. b	2. a
3. a	4. c
5. a	6. b

12-39 Answers provided in corresponding audio recording.

12-40 Answers provided in corresponding audio recording.

12-41 Answers may vary.
1. uma viagem interessante
2. o Brasil
3. vá a Salvador da Bahia
4. descanse e apanhe sol na praia, veja capoeira e visite terreiros de candomblé
5. visite a ilha de Itaparica
6. óptima e única no Brasil

12-42 Answers provided in corresponding audio recording.

12-43 Answers provided in corresponding audio recording.

12-44
1. saia agora mesmo
2. não haja problemas no check-in
3. apresente o número da confirmação
4. o funcionário da companhia aérea levante problemas

12-45 Answers provided in corresponding audio recording.

12-46
sim: 2, 3, 4 não: 1, 5

12-47 Answers provided in corresponding audio recording.

12-48 Answers provided in corresponding audio recording.

12-49

1. c	2. a
3. b	4. a
5. b	

12-50 Answers may vary.
1. Eles pensam ir nas férias da Páscoa.
2. Macau fica na Ásia.
3. Eles pedem ao Artur que lhes recomende um bom hotel.
4. Ele gosta da pousada porque fica perto da Praia Grande e da maioria das atracções turísticas e tem uma óptima vista para o mar.
5. Ela não gosta de hotéis muito grandes.
6. Os quartos são espaçosos e têm vista para o mar.
7. Eles querem alugar um carro.
8. Eles querem ver um templo (o templo de A-Ma), o Museu Marítimo e dois jardins (o jardim de Lou Lim Leoc e o jardim de Camões).

12-51
sim: 1, 4, 5 não: 2, 3

VÍDEO

12-52 Primeiro passo. Answers may vary.
1. A Helena tem menos oportunidades de viajar.
2. O pai do Tomás vive nos Estados Unidos.
3. Ele viaja para os Estados Unidos muito frequentemente.
4. Ele gosta de fazer algo de diferente.

Segundo passo. Answers will vary.

12-53
sim: 1, 5 não: 2, 3, 4

2. Eles não vão à Disneylândia porque o Vasco é muito pequenino para ir lá.
3. O filho mais novo do Jorge tem 4 anos.
4. O Márcio vai ter férias no fim do mês de Janeiro.

12-54

Helena: faz planos

Tomás: faz planos, flexíveis

1. gosta de fazer planos para tudo
2. seja muito rígido, deixa pouco espaço de manobra para fazer algo fora do planeado

12-55 Answers may vary.

1. Quando viaja com o pai e a mãe para sítios novos.
2. Quando vai com os amigos.
3. Quando vai ter com a avó ou o pai.
4. Answers will vary.

Lição 13

PRÁTICA

13-1

1. f
2. e
3. d
4. a
5. g
6. c
7. b

13-2

1. d
2. b
3. b
4. a
5. d
6. b
7. d
8. d

13-3

1. energia eléctrica e solar
2. transportes colectivos
3. meio ambiente, reciclar
4. lixo urbano
5. poluição
6. biodegradáveis

13-4 Answers will vary.

13-5

1. reciclarei
2. recolherá
3. usaremos
4. tomaremos
5. compraremos
6. farei, fará

13-6 Answers may vary.

1. viverás/estarás
2. dependerá
3. estudarás
4. farás
5. terás
6. viverão
7. haverá
8. terás
9. farás
10. terás/conseguirás
11. viverás/serás
12. estarei

13-7 Answers will vary.

13-8

1. terminar
2. for
3. acabar
4. terminarmos
5. estiver
6. tivermos
7. puder

13-9 Answers will vary. Sample answers:

1. Quando o Eduardo receber o seu diploma, vamos casar.
2. Poderei ir com ele para África logo que eu terminar os estudos.
3. Depois que ele conseguir um emprego pago, vamos pensar em comprar um apartamento.
4. Não me sentirei satisfeita enquanto não falar português muito bem.
5. Assim que ganharmos dinheiro suficiente vamos pensar em ter filhos.

13-10 Answers will vary.

13-11

1. Telefonaria para a polícia.
2. Assistiria às conferências sobre ecologia.
3. Consultaria uma agência de viagens.
4. Avisaria o Departamento de Urbanismo da cidade.
5. Daria uma boleia ao vizinho.

13-12 Answers will vary. Sample answers:

1. Os estudantes poderiam recolher e reusar os papéis.
2. Nós poderíamos apagar as luzes do corredor durante a noite.
3. Os estudantes poderiam doar os computadores velhos às crianças desfavorecidas.
4. Nós poderíamos usar menos o elevador.
5. Os estudantes poderiam reciclar o lixo orgânico da comida que sobra das festas.
6. Nós poderíamos limitar o uso do ar condicionado.

13-13 Answers will vary.

13-14 Answers may vary.
1. tomaríamos
2. visitaríamos
3. fariam/comprariam
4. deitaria, reciclaria/compraria
5. dariam

13-15 Answers may vary.
1. telefonam-se/comunicam-se
2. amam-se/beijam-se
3. detestam-se, insultam-se/criticam-se, se respeitam
4. beijam-se, se encontram/se vêem
5. compreendem-se
6. vemo-nos/encontramo-nos

13-16 Answers will vary.

13-17

A. Answers may vary.
   1. Existe só um, o Arquipélago dos Bijagós.
   2. 1996
   3. a conservação da diversidade biológica, a valorização da gestão tradicional dos recursos e da cultura bijagó
   4. cerca de 30 mil
   5. A sociedade bijagó organiza-se horizontalmente, com uma distribuição da autoridade determinada por faixa etária.
   6. tartaruga-verde, crocodilo, hipopótamo (e/ou manatim, golfinho)

B. Answers will vary. Sample answers:
   1. um património ecológico da humanidade.
   2. são desabitadas e exploradas apenas em certas épocas do ano ou consideradas sagradas pelo povo dos Bijagós.
   3. não reconhece uma hierarquia vertical, em que toda a comunidade seja encabeçada por um rei ou régulo.
   4. um grande número e variedade de espécies animais, entre os quais mamíferos, aves, répteis e peixes.

13-18 Answers will vary.

13-19

verdadeiro: 2, 6, 9, 10, 12   falso: 1, 3, 4, 5, 7, 8, 11

LABORATÓRIO

13-20

sim: 4   não: 1, 2, 3, 5

13-21

Naide: 1, 2, 5   Rui: 3, 4

13-22

1. b   2. c
3. c   4. b
5. a

13-23 Answers may vary.
1. os problemas ecológicos em Portugal.
2. devem reciclar, economizar água e energia, não poluir os rios e os mares, proteger as áreas verdes, ajudar a combater os incêndios florestais.
3. deve tomar medidas mais enérgicas para proteger a natureza e promover desenvolvimento sustentável.
4. a energia nuclear.
5. são completamente contra a construção de centrais nucleares em Portugal.
6. que a energia nuclear é muito mais barata e menos prejudicial para o ambiente do que a energia que se produz a partir do carvão, do petróleo e do gás.

13-24 All except the following: televisão, computadores, educação, espécies protegidas

13-25

sim: 3, 5, 7   não: 1, 2, 4, 6

13-26 Answers provided in corresponding audio recording.

13-27

Indicativo: 1) estudarão 2) fará
3) visitarão, admirarão 4) viajarão
5) ficarão 6) mandarão 7) voltará
8) trabalhará 9) veremos
10) passaremos, falaremos
11) terei, ficarei 12) terão

Conjuntivo: 1) tiverem 3) estiverem 5) for
7) terminarem 10) encontrarmos
12) voltarem

13-28 Answers provided in corresponding audio recording.

13-29 Answers provided in corresponding audio recording.

13-30

Cecília: 2, 7 Paulo: 1, 3 both: 4, 5 neither: 6, 8

13-31 Answers provided in corresponding audio recording.

13-32

1. a
2. b
3. c
4. a

13-33

sim: 4, 5, 7 não: 1, 2, 3, 6

13-34

1. conheceram-se
2. viam-se
3. correspondiam-se, telefonavam-se
4. se encontraram, abraçaram-se, beijaram-se
5. se conheceram, se entenderam
6. casaram-se

13-35

Primeiro passo:

sim: 1, 3, 4, 7, 8 não: 2, 5, 6

Segundo passo: Answers may vary.

1. O Parque Nacional de Bazaruto situa-se em Moçambique, na costa oeste do Oceano Índico.
2. Algumas das espécies são: dugongos, tartarugas marinhas, golfinhos, macacos e crocodilos.
3. O governo moçambicano permite apenas a construção de dois resorts por ilha e cobra a cada visitante uma taxa de entrada de 10 dólares.
4. Eles vão ficar hospedados no resort Indigo Bay, porque a Sara gosta de ter televisão no quarto e quer poder ir ao ginásio.
5. Vão poder fazer passeios a cavalo, safaris no mar ao encontro de baleias, golfinhos e dugongos, snorkelling, aulas de pesca e piqueniques na praia.
6. Não vão poder dançar nas discotecas.

13-36

1. a
2. c
3. a
4. a
5. c
6. b
7. b
8. b
9. b
10. c

VÍDEO

13-37

Primeiro passo: Answers may vary.

1. Sintra fica nos arredores de Lisboa.
2. Os pais da Alexandra vivem perto de Sintra.
3. Sintra é muito bonita, é tudo verde e tem muita história (uma série de palácios).

Segundo passo:

1. houvesse
2. espaço verde
3. estádio principal da cidade
4. relvado
5. poeira

13-38

Primeiro passo. Answers may vary.

1. lixo orgânico (que não é reciclável, portanto não faz parte)
2. as embalagens de vidro
3. as embalagens de plástico
4. outro tipo de embalagens, como latas (embalagens propriamente ditas)
5. o papelão, que é tudo que é de papel e cartão

Segundo passo: Answers will vary.

13-39

Primeiro passo:

1. caixote do lixo
2. caixote do lixo
3. reciclado
4. conhecimento
5. poluição

Segundo passo: Answers will vary.

LIÇÃO 14

14-1

1. número de anos
2. pessoa responsável pela família
3. número de pessoas
4. dados estatísticos
5. a casa
6. pessoa do sexo feminino

14-2

1. d
2. d
3. a
4. b
5. b
6. c

14-3

sim: 2, 3, 4 não: 1, 5

14-4 Answers may vary.

1. As palavras têm sido usadas com um sentido universal, ocultando ou desprezando a presença e contribuição das mulheres.

2. Propõem que em vez de "homem" ou "homens" sejam usadas as palavras "pessoa(s)" ou "ser(es) humano(s)".
3. humana
4. o povo da rua/a população da rua
5. Answers will vary.
6. Answers will vary.

14-5 Answers will vary.

14-6
1. mudada
2. interessados
3. decididas
4. abertas
5. excluídas
6. participado

14-7 Answers will vary. Sample answers:
1. Os convidados estavam interessados em política/ em jogos de computador.
2. As luzes estavam apagadas/acesas.
3. As mulheres estavam vestidas de mini-saia/ de jeans.
4. Os vizinhos estavam preocupados com as drogas/com o barulho.
5. As portas estavam abertas para todos/fechadas.

14-8
1. Sim, está apagada.
2. Sim, estão mudadas.
3. Sim, está arrumado.
4. Sim, estão postas.
5. Sim, está feita.

14-9
1. O filme de terror foi visto pelos adolescentes.
2. A maratona foi corrida por mim.
3. Muitas deputadas foram eleitas por nós em 2006.
4. Vários presentes foram recebidos pelas mulheres.
5. Aquela senhora foi ajudada pelo polícia.
6. Muitos hábitos do passado foram mudados pelas pessoas nos últimos anos.

14-10 Answers may vary.
1. A Universidade de Coimbra foi fundada em 1290.
2. O romance *Memorial do Convento* foi publicado em 1982.
3. Xanana Gusmão foi eleito presidente de Timor-Leste em 2001.
4. Os discos *Mar Azul* e *Miss Perfumado* de Cesária Évora foram gravados nos anos 90/em 1991 e 1992.
5. A Torre de Belém foi construída em 1514/no século XVI.
6. As *Bachianas brasileiras* de Villa-Lobos foram compostas nos anos 30 e 40/entre 1930 e 1945.

14-11
1. tem participado
2. têm tido
3. tem vencido
4. tem recebido
5. têm conseguido
6. temos feito

14-12
1. Os homens têm assumido mais tarefas domésticas.
2. O número de imigrantes tem aumentado.
3. Os idosos têm vivido mais anos.
4. O desemprego tem crescido.
5. O número de casamentos tem diminuído.
6. Os jovens têm consumido mais bebidas alcoólicas.
7. Eu tenho trabalhado como voluntária.

14-13 Answers will vary.

14-14
1. tinha fechado
2. tinha visto
3. tinha assistido
4. tinham ido, tinham comido
5. tínhamos visto
6. tinha dito

14-15 Answers will vary. Sample answers:
1. Eu tinha procurado informações na Internet.
2. A Alice e o Daniel tinham lido vários artigos sobre mulheres executivas.
3. Daniel tinha falado com a gerente de um banco.
4. Tu tinhas visto um documentário na televisão.
5. Nós tínhamos consultado livros na biblioteca.
6. O Pedro e eu tínhamos obtido informações da CIDM.

14-16
1. Algumas mulheres tinham escrito livros.
2. Adelaide Cabete tinha fundado o Conselho Nacional das Mulheres Portuguesas.
3. Outras mulheres tinham sido médicas, engenheiras e advogadas.
4. A maioria tinha trabalhado como doméstica ou professora.
5. Nenhuma mulher tinha sido membro do governo antes de 1971.

14-17 Answers will vary.

14-18 Answers may vary.

A. 1. dona de casa, mãe, esposa e/ou empregada doméstica

2. a. Os homens têm participado na limpeza da casa e da roupa, preparação da comida, etc.

b. Os homens querem participar activamente na educação dos filhos.

c. Os homens cada vez mais se empenham em que o casamento ou relacionamento funcione e se mantenha por toda a vida; por isso exprimem os seus sentimentos, frustrações, alegrias e problemas.

B. 3. 1. têm assumido postos importantes e competido com os homens.

2. reservavam os seus sentimentos e preocupações e não os compartilhavam com a sua companheira.

3. compartilham os seus sentimentos e sobretudo quando choram.

C. Answers will vary.

14-19 Answers will vary.

14-20 Answers will vary.

14-21 Answers will vary.

14-22

verdadeiro: 2, 3, 6, 10, 11   falso: 1, 4, 5, 7, 8, 9, 12

LABORATÓRIO

14-23 Answers will vary. Sample answers:

Avó: as raparigas não convidavam os rapazes; os homens preferem as mulheres tradicionais; as mulheres devem cuidar dos filhos e da casa

Helena: as mulheres podem casar ou não; os homens aceitam as atitudes modernas; as tarefas domésticas e a educação dos filhos são a responsabilidade dos dois

14-24

sim: 2, 4   não: 1, 3, 5

14-25 Answers may vary.

1. Observatório da Sociedade da Informação
2. meios de comunicação digital
3. nos centros urbanos
4. a. 1,3%
   b. 34%
   c. 50%
5. nacionais e internacionais, públicas e privadas
6. ofereceu 60 computadores e 15 impressoras aos tribunais de Moçambique, Cabo Verde e Guiné-Bissau.
7. "Navegar é preciso"
8. governo de Moçambique, empresa norte-americana Microsoft
9. educação, governo e indústria de telecomunicações.

14-26 Answers may vary.

1. 1988
2. 9 000; Portugal, os PALOP, outras partes do mundo
3. não ter tido condições para fazer um curso universitário regular, querer actualizar os conhecimentos profissionais
4. Direito Comunitário (Direito da União Europeia)
5. Departamento de Ciências Sociais e Políticas
6. para ficar mais capacitado para avançar na empresa onde trabalha
7. estudar as matérias do curso, fazer trabalhos de casa, trocar e-mails com o professor, fazer testes e exames

14-27

1. b   2. d
3. a   4. c

14-28 Answers provided in corresponding audio recording.

14-29

1. A ditadura é derrubada em 1974 pela Revolução de 25 de Abril.
2. As mulheres são defendidas pelas organizações feministas.
3. O Presidente da República é admirado por muitos portugueses.
4. Os direitos dos cidadãos são discutidos pelos políticos.

14-30 Answers provided in corresponding audio recording.

14-31

sim: 2, 3, 4, 6   não: 1, 5

14-32 Answers provided in corresponding audio recording.

14-33 Answers provided in corresponding audio recording.

14-34

sim: 2, 3   não: 1, 4, 5

14-35 Answers provided in corresponding audio recording.

14-36

sim: 3, 4, 6 não: 1, 2, 5

14-37 Answers may vary.

1. Alemanha, Bélgica, França, Itália, Luxemburgo e Países Baixos
2. dez estados membros
3. subiu para doze, Espanha e Portugal
4. vinte anos de presença na União Europeia
5. consolidar a democracia portuguesa e promover o desenvolvimento económico e social do país
6. três; 1992, 2000, 2007
7. a agenda europeia para o desenvolvimento econónico e social, 2000
8. organizar a mobilidade de estudantes e professores universitários
9. possam tirar cursos nas universidades de outros países e para que estes cursos sejam reconhecidos pela sua universidade de origem
10. cursos intensivos de preparação linguística

VÍDEO

14-38 Answers may vary.

1. O casamento é cada vez mais associado a pensamentos e comportamentos negativos. É associado com a prisão.
2. Agora há muita facilidade, toda a gente se casa, como logo a seguir se divorcia. Já não há aqueles valores que os pais e os avós da Filipa tinham.
3. As mudanças são para pior, por exemplo na relação entre pais e filhos já não há tanto respeito.
4. Hoje, às vezes, um filho pega no tabuleiro e vai comer no quarto para ver o computador ou uma série na televisão. E há um tempo atrás a refeição era sagrada, todos tinham que estar à mesa para jantar juntos.
5. Answers will vary.
6. Answers will vary.

14-39

Primeiro passo:

1. um defeito
2. o facto
3. há pouco tempo
4. chegaremos
5. pouca informação
6. lêem pouco
7. seguem muito
8. são tendenciosos
9. raciocina
10. a pessoa é bonita
11. pelo conteúdo
12. eleger

Segundo passo: Answers will vary.

LIÇÃO 15

15-1

1. b
2. e
3. d
4. a
5. c

15-2 Answers will vary.

15-3 Answers may vary.

1. portas electrónicas/carros automáticos
2. Internet
3. satélites
4. robôs
5. telefones
6. ensino à distância

15-4 Answers will vary.

15-5 Answers will vary. Sample answers:

1. É possível haver muitos alimentos modificados geneticamente no futuro.
2. É difícil obter boas notas sem estudar.
3. É recomendável saber usar novas tecnologias para obter um bom emprego.
4. É normal assistir a videoconferências através do ensino à distância.
5. É impossível ler todos os jornais electrónicos todos os dias.

15-6

1. guardar
2. usar
3. pagar
4. ver
5. telefonar

15-7

1. ao
2. depois de
3. antes de
4. para
5. sem

15-8

1. irmos, praticarmos
2. poderem
3. serem
4. viajarmos
5. analisar

15-9 Answers will vary. Sample answers:

1. Ela disse para não usarmos telemóveis na aula.
2. Ela disse para fazermos pesquisa na Internet.
3. Ela disse para assistirmos à videoconferência.
4. Ela disse para mandarmos mensagens electrónicas.
5. Ela disse para lermos com atenção as perguntas do teste.

6. Ela disse para consultarmos os blogues da última semana.
7. Ela disse para comprarmos o manual de Informática.

15-10 Answers will vary, but should contain the following verb forms:

1. sermos
2. poderem
3. conseguirem
4. terem
5. sairmos

15-11

1. Se passarmos muito tempo a trabalhar com computadores, não vamos passar nenhum tempo ao ar livre.
2. Se os meus amigos não tivessem telemóveis, eu falaria muito menos com eles.
3. Se os pais puderem definir as características genéticas dos filhos, os pais escolherão as que preferirem.
4. Se os pais de filhos pequenos não controlassem o uso do computador, as crianças teriam acesso a sites perigosos.
5. Se eles não comprarem um carro novo, não vão poder viajar.

15-12 Answers will vary. Sample answers:

1. Se eu não usasse a Internet, não poderia ler jornais em português.
2. Se as pessoas não tivessem carros nos Estados Unidos, as bicicletas seriam mais populares.
3. Se os aviões a jacto não existissem, as viagens aéreas seriam muito mais demoradas.
4. Se nós não comprássemos comida congelada, teríamos menos opções alimentares.
5. Se a Microsoft não existisse, o Windows não seria o sistema informático dominante.
6. Se os meus amigos não tivessem computadores, não me enviariam tantos e-mails.

15-13 Answers will vary.

15-14

diminutivos: livrinho, luzinha, Paulinho, homenzinho, lapisinho, aviãozinho

aumentativos: Miguelão, sapatões, panelão, jantarão, dinheirão

15-15 Answers may vary.

1. cedinho; ênfase
2. criancinha; afeição/tamanho
3. palavrinhas; afeição
4. livrinho; sarcasmo
5. poeminha; sarcasmo
6. amorzinho; afeição
7. comprinhas; sarcasmo

15-16

1. casarão
2. narigão
3. cozinhão
4. dinheirão
5. carrão
6. homenzarrão
7. jantarões
8. mentirosona

15-17 Answers may vary.

1. Universidade de Coimbra, Universidade de Aveiro
2. criopreservação das células estaminais presentes no cordão umbilical, sequenciação de genomas
3. doenças infecciosas, cancro, doenças neurodegenerativas
4. evitar a fuga de cérebros para o estrangeiro, contribuir para o regresso dos investigadores portugueses que tinham emigrado
5. laboratórios de Biotecnologia Molecular e Celular, Genómica e Microbiologia
6. proximidade de Coimbra, Figueira da Foz e Aveiro; excelente acessibilidade rodoviária; bons vinhos

15-18 Answers will vary.

15-19 Answers will vary.

15-20

1. b
2. b
3. d
4. b
5. b
6. d
7. b
8. d
9. a
10. c
11. a
12. b

LABORATÓRIO

15-21

1. caixa multibanco
2. correio electrónico
3. educação virtual
4. telemóvel
5. máquina fotográfica digital
6. satélites
7. microcomputadores
8. blogue

15-22

1. c
2. c
3. c
4. b
5. a

15-23 Answers provided in corresponding audio recording.

15-24

presente: 1, 4, 6, 7 futuro: 2, 3, 5

15-25

1. a
2. c
3. c
4. b
5. c

15-26

1. c
2. a
3. c
4. b
5. c

15-27 Answers may vary.

1. tiver, ler e-mails/navegar na Internet
2. ter acesso à Internet
3. Answers will vary; sample answer: vamos gastar muito dinheiro
4. Answers will vary; sample answer: não seria tão rápida e constante
5. causaria danos
6. Answers will vary; sample answer: será controlado
7. Answers will vary; sample answer: a exportação deste lixo fosse controlada
8. Answers will vary.

15-28

diminutivo: 1, 4, 5
aumentativo: 2, 3, 5

15-29 Answers provided in corresponding audio recording.

15-30

1. a realidade virtual
2. sala da casa
3. jogadores de futebol americano
4. uma luva especial
5. ver um bom filme
6. doentes virtuais

VÍDEO

15-31 Answers may vary.

Manuela: e-mail, pesquisa
Helena: e-mail, pesquisa, salas de chat

1. A Manuela utiliza a Internet diariamente.
2. Ela vê o correio electrónico sempre de manhã.
3. A Helena comunica com amigos; não costuma comunicar com desconhecidos.
4. Answers will vary.
5. Answers will vary.

15-32 Answers may vary.

1. ajudar nos estudos
2. estão muito tempo ligadas ao computador
3. são muito violentos
4. mais de jogos mesmo para aprender
5. Answers will vary.

15-33

Primeiro passo:

1. bastante importante
2. esquecer
3. uma ameaça
4. tiver
5. se pensar
6. as consequências
7. teremos

Segundo passo: Answers will vary.

EXPANSÃO GRAMATICAL

EG-1

1. Comprámo-los
2. Trazem-nas
3. pô-las
4. Pu-lo
5. lavá-los
6. trá-las
7. buscá-lo
8. fazem-no

EG-2

1. Nós compramo-los amanhã.
2. Eles aspiram-na duas vezes por mês.
3. Nós lavamo-la todas as semanas.
4. Eles fazem-nas aos sábados.
5. Eles buscam-na depois das compras.

EG-3

1. Pus, sim. Pu-las ontem.
2. Enviámos, sim. Enviámo-los ontem.
3. Fizeram, sim. Fizeram-nas ontem.
4. Vai, sim. Vai buscá-lo amanhã.
5. Fiz, sim. Fi-la ontem.
6. Dão, sim. Dão-nos amanhã.

EG-4

1. c
2. f
3. h
4. b
5. d
6. g
7. a
8. e

EG-5

1. ta
2. mo
3. mo
4. lho
5. no-las
6. lha
7. to
8. ma
9. ma
10. lhos

EG-6

1. Oferecemos-lho, sim.
2. Quero que mos dês, sim.
3. Queremos comprar-lhas, sim.
4. Não lho vai dar, não.
5. Não no-las vão oferecer, não.
6. Não to vou dar, não.

EG-7

1. Proporcionar-lhes-emos paisagens de sonho.
2. O nosso pessoal tomar-lhe-á conta dos filhos.
3. Renovar-lhe-emos o prazer da boa mesa.
4. Os visitantes dar-nos-ão o prazer de os servir.
5. Organizar-lhes-emos excursões magníficas.
6. Quem já esteve na nossa quinta, visitá-la-á de novo.

EG-8

1. Recomendar-lhes-ia um hotel de quatro estrelas.
2. Acompanhá-los-ia durante duas horas.
3. Pagar-me-ia um ordenado razoável.
4. Despedir-nos-ia.
5. Servi-la-íamos um Verão.

EG-9 Answers will vary, but should contain the following forms:

1. Visitá-lo-ei...
2. Alugá-la-ei...
3. Construi-la-ia...
4. Oferecer-lhe-ia...
5. Dar-me-ão.../Acho que me darão...

EG-10

1. tenha conseguido
2. tenham promovido
3. tenha aumentado
4. tenhamos estudado
5. tenham terminado

EG-11 Answers will vary. Sample answers:

1. Que bom que o Joca e a Paula tenham comprado um carro eléctrico.
2. É pena que a Clara não tenha conseguido a bolsa que tinha pedido para fazer pesquisa.
3. É fantástico que tenhas decidido concorrer à Faculdade de Medicina.
4. Não acredito que tenhamos sido escolhidos para representar a nossa universidade no congresso de jovens líderes.
5. Lamento que a Renata e a Sílvia tenham sido eliminadas do campeonato de ténis.
6. Duvido que o Henrique tenha participado num protesto contra os alimentos geneticamente manipulados.

EG-12 Answers will vary. Sample answers:

1. Espero que tenhas visitado a Praia da Rocha.
2. Espero que tenhas visto a estátua de D. Sebastião do escultor João Cutileiro.
3. Espero que tenhas gostado de Sagres.
4. Espero que tenhas feito turismo ecológico.
5. Espero que tenhas visto as amendoeiras em flor.

EG-13

1. b
2. e
3. d
4. a
5. c

EG-14 Answers will vary.

EG-15 Answers may vary.

1. Lamento que eles tivessem bebido cerveja.
2. Lamento que ela não tivesse estudado para o exame.
3. Lamento que ele tivesse usado drogas.
4. Lamento que eu tivesse comido carne estragada.
5. Lamento que tu não tivesses jogado na lotaria.

EG-16

1. Se eles tivessem pesquisado na Internet, teriam sabido o que fazer.
2. Se eles tivessem perguntado a amigos são-tomenses, teriam encontrado um hotel bom e barato.
3. Se eles tivessem comprado o livro *Na Roça com os Tachos*, teriam conhecido melhor a culinária são-tomense.
4. Se eles tivessem caminhado pela floresta tropical, teriam tido uma experiência inesquecível.
5. Se eles tivessem ido à Praia das Sete Ondas, teriam apreciado a beleza do mar de São Tomé.

EG-17 Answers will vary.

EG-18 Answers will vary, but should contain the following structures:

1. Terei comprado um carro novo até...
2. Terei completado o meu curso universitário até...
3. Terei visitado Lisboa até...
4. Terei comido bacalhau até...
5. Terei visto um filme no cinema até...

EG-19 Answers will vary.

EG-20 Answers will vary.

EG-21 Answers will vary. Sample answers:

1. Logo que o avião tiver descolado, vamos almoçar.
2. Assim que tivermos chegado ao hotel, vamos abrir as malas.
3. Quando a mãe e o pai tiverem descansado, vamos sair para conhecer a cidade.
4. Se eu tiver conseguido bilhetes, vamos ver o concerto de Cesária Évora.
5. Depois que nós tivermos explorado a cidade, vamos fazer uma excursão.

EG-22 Answers provided in corresponding audio recording.

EG-23 Answers provided in corresponding audio recording.

EG-24 Answers provided in corresponding audio recording.

EG-25 Answers provided in corresponding audio recording.

EG-26

sim: 1, 4, 5 não: 2, 3, 6

EG-27 Answers provided in corresponding audio recording.

EG-28 Answers provided in corresponding audio recording.

EG-29

sim: 1, 3, 4, 6 não: 2, 5

EG-30 Answers provided in corresponding audio recording.

EG-31 Answers will vary.

EG-32

sim: 1, 4 não: 2, 3, 5

EG-33 Answers provided in corresponding audio recording.

PRACTICE FOR SPEAKERS OF SPANISH

LIÇÃO PRELIMINAR

PS-1

a. um
b. uma
c. uma
d. um
e. Duas
f. quatro
g. dez
h. trinta e duas

PS-2

open **e**: 1, 5, 7, 8 closed **e**: 2, 3, 4, 6, 9, 10

PS-3

open **o**: 2, 4, 5, 6, 8 closed **o**: 1, 3, 7, 9

LIÇÃO 1

PS-4

1. gosta das
2. gostam da
3. gostam da
4. gosto do
5. gostamos de/das
6. gosta da
7. gosta das
8. gosto do
9. gosta de
10. gostam do
11. gostam das

PS-5

1. Uma
2. uma
3. os
4. umas
5. O
6. as
7. um
8. os
9. O

PS-6

1. almoçarão
2. corações
3. dançam
4. opiniões
5. descansarão
6. lições

LIÇÃO 2

PS-7

1. são
2. é
3. É
4. é
5. é
6. É
7. está
8. está
9. estão
10. é
11. É
12. estão
13. estão

PS-8

1. vazia
2. bacilo
3. vago
4. bate
5. bebido
6. bela
7. vem
8. vento
9. boa
10. vovó

LIÇÃO 3

PS-9

1. vão
2. vais
3. ir-me embora/ ir embora
4. vamos
5. vamos
6. vou
7. vais
8. vou
9. vamos
10. vamos
11. Vamos
12. Vamos
13. Vamos

PS-10

1. rato
2. janela
3. Joana
4. berro
5. ferrão
6. rogo
7. gaja

LIÇÃO 4

PS-11

1. almoça
2. prefiro
3. podem
4. preferem
5. preferimos
6. começa
7. podem
8. dormem
9. prefere
10. dormimos
11. dorme
12. dorme
13. começa
14. começo
15. pode
16. quer
17. quer

PS-12

1. casa
2. doze
3. rosa
4. asa
5. Zeca
6. azeitona
7. resumir
8. razão
9. lousa
10. preza

LIÇÃO 5

PS-13

1. A Sandra está a aspirar a sala de estar.
2. Eu estou a limpar as casas de banho.
3. Nós todos estamos a deitar fora o que não precisamos mais.
4. O Ricardo e a Laura estão a organizar os armários.
5. Tu estás a lavar o chão da cozinha.
6. O José e eu estamos a varrer o terraço.

PS-14

1. Não, vou lavar esse. *or* Não, vou lavar aquele.
2. Não, vamos dar esses. *or* Não, vamos dar aqueles.
3. Não, vamos aspirar esse. *or* Não, vamos aspirar aquele.
4. Não, vou usar essa. *or* Não, vou usar aquela.
5. Não, vamos secar essa. *or* Não, vamos secar aquela.
6. Não, vamos arrumar essa. *or* Não, vamos arrumar aquela.
7. Não, vou organizar esse. *or* Não, vou organizar aquele.
8. Não, vou deitar essas. *or* Não, vou deitar aquelas.

PS-15 Answers provided in corresponding audio recording.

LIÇÃO 6

PS-16

1. Quero-o, sim. *or* Não o quero, podes levá-lo.
2. Quero-a, sim. *or* Não a quero, podes levá-la.
3. Quero-os, sim. *or* Não os quero, podes levá-los.
4. Quero-o, sim. *or* Não o quero, podes levá-lo.
5. Quero-as, sim. *or* Não as quero, podes levá-las.
6. Quero-a, sim. *or* Não a quero, podes levá-la.
7. Quero-as, sim. *or* Não as quero, podes levá-las.
8. Quero-os, sim. *or* Não os quero, podes levá-los.
9. Quero-o, sim. *or* Não o quero, podes levá-lo.

PS-17 Answers provided in corresponding audio recording.

LIÇÃO 7

PS-18

1. Vamos pedir-lhe/Vamos-lhe pedir para não jogar no próximo domingo.
2. Vamos perguntar-lhe/Vamos-lhe perguntar os resultados do último jogo.
3. Vamos oferecer-nos/Vamo-nos oferecer para participar no próximo treino.
4. Não lhe vamos mostrar as fotos da festa de ontem.
5. Vamos dar-lhe/Vamos-lhe dar um presente.
6. Vamos explicar-lhe/Vamos-lhe explicar que não podemos treinar no Verão.
7. Não lhe vamos dizer que estamos cansados.
8. Não lhe vamos pedir para terminar mais cedo hoje.

PS-19 Answers provided in corresponding audio recording.

LIÇÃO 8

PS-20 Answers may vary.

1. A população de Portugal é mais pequena/menor do que a (população) dos Estados Unidos.
2. Há menos cidades grandes em Portugal do que nos Estados Unidos.
3. A minha cidade é maior do que Lisboa. *ou* A minha cidade é mais pequena/menor do que Lisboa.
4. Há mais igrejas barrocas em Portugal do que nos Estados Unidos.
5. O Rio Tejo é maior do que o Rio Hudson.
6. O/A presidente de Portugal é mais velho/a/ mais jovem do que o/a presidente dos Estados Unidos.

PS-21 Answers may vary.

1. Há tantos monumentos históricos para visitar em Portugal como nos Estados Unidos.
2. O povo português é tão simpático como o povo americano.
3. A cidade de São Francisco é tão bonita como Lisboa.
4. Há tantas linhas no metro de Lisboa como no metro de Boston.
5. Há tantos problemas na política portuguesa como na política americana.
6. Há tantas coisas interessantes para fazer em Portugal como nos Estados Unidos.

LIÇÃO 9

PS-22

1. Ganha-se bem.
2. Tem-se um bom seguro de saúde.
3. Oferece-se/Oferecem-se excelentes bónus.
4. Proporciona-se/Proporcionam-se muitas opções de lazer aos funcionários.
5. Paga-se/Pagam-se creches para os filhos dos funcionários.
6. Dá-se/Dão-se presentes aos funcionários.

PS-23

1. encontraste
2. fiz/tive
3. fui
4. tiveste
5. foram
6. quiseram
7. Trouxeste
8. vim
9. soube
10. disseram

LIÇÃO 10

PS-24

1. embaraçada
2. firma
3. escritórios
4. vasos
5. ninhos
6. talheres
7. cadeira
8. esquisita
9. polvo
10. salada

PS-25

1. esteja
2. está
3. esteja
4. chame
5. seja
6. ache
7. devemos/deve
8. deva
9. seja
10. procure
11. admita
12. precisamos
13. aconteça
14. posso

LIÇÃO 11

PS-26

1. acordar
2. borrei
3. feches
4. latir
5. reparei
6. tirar
7. brincar

PS-27

1. que
2. quem
3. quem
4. quem
5. que

LIÇÃO 12

PS-28 Answers may vary.

1. alimentos: o sal, o mel, o legume, o leite
2. corpo humano: o sangue, o riso, o nariz, o joelho, a cútis, a dor
3. natureza: a pétala, a oliveira, a macieira, a árvore
4. conceitos abstractos: a análise, a desordem, a origem, o costume, o paradoxo

PS-29

1. tudo
2. Todos
3. todos
4. todas
5. todas
6. todas
7. tudo
8. tudo

LIÇÃO 13

PS-30

1. papagaio
2. margem
3. trompete
4. trompetista
5. guia
6. banco
7. testa

PS-31

1. reciclarem
2. começarmos
3. tiverem
4. surgir
5. estiverem
6. precisarmos
7. quiserem
8. estivermos
9. tocar

LIÇÃO 14

PS-32 Anwers may vary.

1. sociedade
2. verdade/realidade
3. diversidade
4. comunidades
5. oportunidades
6. adversidades
7. dificuldade
8. actividades
9. capacidade
10. realidade/verdade
11. facilidade
12. dignidade
13. unidade

PS-33

1. pagos
2. trazido
3. traído
4. pagado/pago
5. roubado
6. gasto
7. apresentados
8. conhecido
9. traumatizado

LIÇÃO 15

PS-34

1. amorzinho
2. agorinha
3. pequenina
4. avozinha
5. bonequinha
6. imãozinho
7. dorzinha
8. pobrezinho

PS-35

1. conseguirmos
2. trabalharmos
3. chamarem
4. fazer
5. pensares
6. encontrares
7. acabarmos
8. abusarmos
9. gastarmos
10. sairmos

BRAZILIAN PORTUGUESE VIDEO ACTIVITIES

LIÇÃO PRELIMINAR

P-51

1. m
2. i
3. f
4. l
5. b
6. e
7. d
8. j
9. c
10. g
11. h
12. k
13. a

P-52

1. Mariana: Vinte anos, estudante de Arquitetura na UFRJ./Twenty years old, studies architecture at UFRJ.

   Carlos: Vinte e seis anos, estudante de Geografia na PUC do Rio de Janeiro./Twenty-six years old, studies geography at PUC-Rio.

   Dona Raimunda: Nasceu no dia 6 de fevereiro de 1944, no Ceará./Born February 6, 1944, in the state of Ceará.

   Chupeta: Chama-se Carlos, vinte e oito anos, formado em Publicidade e Educação Física, apelido Chupeta./ Real name Carlos, twenty-eight years old, college degrees in Advertising and Physical Education, nickname Chupeta.

   Mônica: Vinte e seis anos, gaúcha de Pelotas do Rio Grande do Sul./Twenty-six years old, a native of Pelotas in the state Rio Grande do Sul (whose inhabitants are called **gaúchos** in Brazil).

   Daniel: Dezessete anos, nasceu no Rio de Janeiro./ Seventeen years old, born in Rio de Janeiro.

   Adriana: Trinta e seis anos, nasceu em Niterói./ Thirty-six years old, born in Niterói.

   Rogério: Trinta e quatro anos, professor, pesquisador de samba-enredo, carnaval e MPB, atualmente trabalha para a prefeitura dinamizando oficinas de cidadania e direitos humanos./Thirty-four years old, teacher, researcher of Rio-style samba, carnival and MPB (Música Popular Brasileira), currently works for the city hall directing citizenship and human rights workshops.

   Juliana: Vinte anos, estuda na PUC do Rio./ Twenty years old, studies at PUC-Rio.

   Dona Sônia: Cinqüenta e um anos, artesã, mora na Penha Circular há mais ou menos dez anos, tem um filho de vinte e sete anos que é um gato./ Fifty-one years old, artisan, has lived in Penha Circular for more or less ten years, has a twenty-seven year old son who's very good looking.

   Sandra: Quarenta e cinco anos, mora em Copacabana no Rio./Forty-five years old, lives in Copacabana neighborhood of Rio de Janeiro.

   Caio: Vinte e oito anos, ator, faz faculdade de Teatro./Twenty-eight years old, studies theater arts at the university.

   Manuela: Vinte e um anos, mora na Barra da Tijuca./Twenty-one years old, lives in Barra da Tijuca.
2. Answers will vary.

LIÇÃO 1

1-50

1. e, f, k
2. g
3. a, d
4. b, c
5. c, h, j
6. i

1-51

Primeiro passo.

1. semana, Corporal, duas, três
2. à noite, professora
3. sete, onze ou uma da tarde, terças e quintas das onze às cinco da tarde

Segundo passo. Answers will vary. Sample answers:

1. semelhanças: aulas duas ou três vezes por semana; diferenças: não estudo Interpretação
2. semelhanças: eu também trabalho; diferenças: aulas de manhã e à tarde
3. semelhanças: aulas às terças e quintas; diferenças: aulas das nove às quatro

1-52

1. gramática da língua portuguesa
2. filosofia, sociologia e ética no jornalismo
3. língua portuguesa
4. Answers will vary.

1-53

1. o vestibular, Engenharia Ambiental, difícil, para o resto da vida, é tão jovem
2. não é comum, ingressar na universidade, pré-vestibular comunitário
3. Answers will vary

1-54

1. ...está passando por uma reformulação significativa e bastante positiva.
2. Há uma grande diferenciação, de mais ou menos São Paulo para cima, entre o ensino numa escola pública e uma escola privada.
3. No Sul do país uma pessoa ainda pode ter uma boa educação nas escolas públicas e já no Norte e Nordeste não.

LIÇÃO 2

2-37 Answers will vary.

2-38

Primeiro passo.

1. onze, oitenta e quatro
2. não é
3. agregar
4. tem
5. dez
6. Faculdade
7. escola, folclore
8. malandro

Segundo passo. Answers will vary.

2-39 Answers may vary.

1. professores, metalúrgicos, jornalistas, bibliotecários
2. advogados, tribunal de justiça, administração de empresas, rádio
3. estudantes de arquitetura, medicina e nutrição
4. Answers will vary.

2-40

1. d
2. a, c
3. e, g
4. a
5. b, h, i
6. e, f, j

2-41 Answers will vary.

LIÇÃO 3

3-43

1. d
2. c
3. e
4. b
5. a

3-44

1. verdadeiro
2. falso. Juliana vai numa boate com amigos e depois, no dia seguinte, vai comer fondue porque é inverno e no inverno eles gostam de ir a lugares frios para comer fondue.
3. Answers will vary.

3-45

1. inteligente, trama, homem musculoso não
2. biografias, cinema nacional
3. pornografia não
4. água com açúcar, românticos, chorar
5. eclético, aventura
6. todos os tipos
7. Answers will vary

3-46

1. é, não gosta
2. não vai, sempre ia
3. tem, é, adora, é
4. gosta
5. não é, gosta, não é
6. adora, não sai, não pode
7. É difícil, não goste, dançam
8. Answers will vary.

LIÇÃO 4

4-43

Primeiro passo. Answers may vary.

1. marido e filho
2. mãe, irmã mais velha, irmão do meio, não tem pai, tem seis sobrinhos-netos
3. pais separados, uma irmã

Segundo passo. Answers may vary.

1. a. Ele não trabalha, é aposentado.
   b. O filho trabalha e estuda.
   c. A família se reúne aos domingos de manhã.
   d. Eles lêem o jornal (e discutem sobre os assuntos que estão no jornal).
2. a. Não, ele nasceu em casa, no Vigário Geral (porque a avó dele era parteira).
   b. Rogério nasceu no ano de 1971 (na noite mais fria do ano).
3. a. Mariana vive com a mãe.
   b. O pai mora em Teresópolis.
   c. A irmã mora com o pai.
   d. Eles tentam almoçar juntos, fazer festas ou churrascos.

Terceiro passo. Answers will vary.

4-44

Primeiro passo.

verdadeiro: 3, 5, 7, 8 falso: 1, 2, 4, 6

Segundo passo. Answers will vary.

4-45

1. típica, heterogeneidade, classes, divórcios, filhos, homogênea, separação, recasamentos
2. alegre, primordial, alegria, dificuldades, problemas, alegria, marca, negros, feijoada
3. típica, sozinha, filhos, chefe, convivo, carentes, casa
4. Answers will vary.

4-46 Answers may vary. Sample answers:

1. a. é o homem em relação à casa, em relação a sua própria família.
   b. responsável pela parte financeira da família.
   c. a mulher está no mercado de trabalho; há famílias onde o homem fica em casa cuidando da família e a mulher sai para trabalhar.
2. a. chefe da família
   b. pode ser a chefe da família que traz dinheiro para dentro de casa e sustenta os filhos.
   c. tem a ausência do pai ou a ausência da mãe.
3. Answers will vary.

LIÇÃO 5

5-53

Primeiro passo. Metropolitano, Ipanema, Encantado

Segundo passo. Answers will vary.

5-54

Primeiro passo.

1. c 2. d
3. a 4. b

Segundo passo. Answers may vary.

1. Apartamento de três quartos, sala boa e ampla, perto da praia e de tudo.
2. Casa de três andares com salas de estar e jantar grandes e cinco quartos. Cozinha grande, perto da área.
3. Casa com dois quartos, cozinha, banheiro e uma sala.
4. Answers will vary.

5-55

1. verdadeiro: b, d falso: a, c
2. verdadeiro: c, d, f falso: a, b, e, g
3. verdadeiro: a falso: b, c, d, e

5-56 Answers will vary.

LIÇÃO 6

6-41

Primeiro passo:

1. d, g, i
2. a, e, h, j
3. b, c, f

Segundo passo: Answers will vary.

6-42

Primeiro passo:

1. a, e, h
2. b, f, k
3. c, d, g, i, j

Segundo passo:

1. jeans 2. blusa 3. saia
4. vestido 5. meias 6. camisa
7. sapato 8. suéter 9. camiseta
10. tênis 11. calção 12. calças
13. sandália 14. luvas

6-43

Chupeta:

1. adoro 2. namorada
3. irmãs 4. esporte
5. vestir 6. ler

Adriana:

1. aniversário
2. procuro
3. durante
4. alguém
5. inusitado

Rogério:

1. livros
2. CDs
3. únicas

Você: Answers will vary.

6-44 Answers may vary.

1. a. Manuela recebeu o cordão do namorado dela.
   b. O pai dela deu um carro de presente para ela quando ela entrou pra faculdade e também porque era (*was*) o aniversário dela.
2. a. Daniel ganhou um violão do pai dele.
   b. Daniel ficou muito feliz porque o pai se sacrificou para comprar o violão para ele, porque ele estava precisando de um violão novo para tocar.
3. a. Mariana recebeu um buquê de rosas do namorado.
4. a. Rogério gostou do colar porque foi dado (*was given*) por um amigo muito especial. Rogério tem um carinho grande por ele.
5. a. Chupeta gostou da sua primeira bicicleta de corrida.
   b. Ele começou a pedalar legal e fazer percursos mais longos e viagens pedalando.
6. Answers will vary.

LIÇÃO 7

7-43

Primeiro passo:

1. c, d, h, m, o
2. g, l
3. b, e, j, n
4. a, f, i, k

Segundo passo: Answers will vary.

7-44

1. Guga, Ayrton Senna
2. gosta muito de, ginástica olímpica
3. esportivamente, pessoa, exemplo, um grande homem
4. Answers will vary.

7-45

1. verdadeiro: b, c falso: a, d
2. verdadeiro: a, b, c falso: d
3. verdadeiro: a, d falso: b, c
4. verdadeiro: b, c falso: a
5. verdadeiro: a, d falso: b, c
6. Answers will vary.

LIÇÃO 8

8-44

1. c
2. d
3. e
4. f
5. a
6. b
7. Answers will vary.

8-45 Answers may vary.

1. a. Na passagem do ano, Rogério geralmente está com a família (mãe, irmã, irmão, sobrinhos).
   b. Ele chora compulsivamente e não sabe por quê.
2. a. Manuela gosta de passar o réveillon com a família e com pessoas queridas, na Praia de Copacabana ou na Barra vendo os fogos.
   b. A única simpatia da Manuela é pular sete ondinhas.
3. Answers will vary.

8-46

1. costumo
2. cinema
3. românticos
4. paixão
5. começar a
6. japonês
7. quero
8. simpatia
9. namorando

8-47 Answers may vary.

1. a. É 27 de setembro e se oferece doce às crianças.
   b. Depois que a avó do Rogério morreu, essa tradição se extinguiu da família porque a mãe dele não é mais católica, é evangélica, e não comemora São Cosme e São Damião.
   c. Das festas religiosas só restou mesmo o Natal.
2. a. Ela assiste a missa no dia de Nossa Senhora Aparecida.
3. a. A família da Adriana é de base católica e as pessoas vão à igreja.
   b. Adriana não vê sua família como sendo muito religiosa.
4. Answers will vary.

LIÇÃO 9

9-47

1. c, h
2. a, d, e
3. g, i
4. b, f
5. Answers will vary.

9-48

1. tenho
2. professora
3. curso
4. graduação

5. letras
6. posso
7. adolescentes
8. descobri
9. realizei

9-49 Answers may vary.

1. Caio é ator. O trabalho dele é muito ativo e muito variado. O ator, na opinião dele, é aquele que não gosta de um trabalho burocrático. Ele termina um ensaio, já estreou um espetáculo e logo depois já está ensaiando outro para estrear. Ele já chegou a fazer três espetáculos juntos, praticamente. Ele fazia durante a semana no Rio de Janeiro, fazia no final de semana no Sul e ainda fazia o infantil. De acordo com ele, era uma doideira. Caio gosta muito dessa atividade, dessa movimentação que o trabalho dele propicia.
2. Sandra é dentista. O dia típico de trabalho dela é sempre muito tumultuado. Ela chega no consultório todos os dias às oito e meia da manhã e procura parar de trabalhar às seis da tarde. É uma das poucas coisas que ela às vezes fica chateada com a profissão, porque ela não é dona do seu dia e não é dona do horário dela. Ela não pode deixar um paciente com uma provisória, com um dente da frente quebrado, com um dente que caiu, não tem como. Então, às vezes ela planeja de sair cedo, mas acaba saindo tarde por causa desses imprevistos.
3. Adriana é professora. Dia típico de trabalho para ela é dar algumas aulas particulares em Niterói de manhã. Apesar de haver poucos estrangeiros em Niterói, existem alguns. Então, às vezes ela dá uma aula particular de manhã, almoça e precisa sair cedo para a PUC, porque ela mora longe da universidade. Ela dá aula de três até as sete horas da noite e volta para casa. Ela faz isso três vezes por semana, em geral.
4. Answers will vary.

9-50 Answers may vary.

1. Carlos: Complicado, questão social, injusto, as qualificações e as boas oportunidades restritas a uma parcela da população muito pequena.
2. Juliana: Engraçado, falta gente em alguma áreas, na maioria das áreas está sobrando, preocupação grande com o diploma universitário.
3. Dona Sônia: Não tem oportunidade para todo mundo, pessoas não são preparadas para o mercado de hoje, no tempo dela ela arrumou emprego só com primeiro grau, hoje o mínimo para arrumar emprego é o segundo grau; até tem emprego, mas as pessoas não são capacitadas.

LIÇÃO 10

10-38

1. c, d, f, g
2. a, h
3. e, i
4. b, j

10-39

1. cebola
2. banana
3. berinjela
4. quiabo
5. empada
6. abóbora

10-40 Answers may vary.

1. Mônica sempre come o café da manhã e o almoço.
2. Ela não come o jantar.
3. Ela toma um café.
4. Manuela faz um lanche de tarde entre o almoço e o jantar.
5. Ela adora o café da manhã.
6. Answers will vary.

10-41 Answers may vary.

1. Caio não gosta de cozinhar rotineiramente.
2. Rogério sabe cozinhar feijoada.
3. Caio comeu miojo um ano inteiro porque não sabia cozinhar.
4. Mariana faz capelletti ao molho branco.
5. Answers will vary.

LIÇÃO 11

11-40

1. regularmente, exames, tenha, agravar
2. alimentação, aeróbico, profissão, possa, sintoma, apareça
3. riqueza, cardiologista, pressão, colesterol
4. prejudicial, fumante
5. Answers will vary.

11-41 Answers may vary.

A. 1. açúcar
   2. cerveja
   3. dificilmente, ele fica gripado uma vez por ano
   4. oftalmologista
   5. Answers will vary.

B. 1. gordura
   2. de segunda a sexta
   3. adoçante
   4. Answers will vary.

C. 1. refrigerantes
   2. Ela tem medo de engordar porque vem de uma família de gordos.
   3. qualquer dieta extremista

4. Ela acha que está todo mundo suado ali dentro.
5. Ela caminha na orla.
6. Answers will vary.

D. 1. Ela vem do sul. As pessoas do sul comem muita carne vermelha.
2. carne vermelha
3. justamente por comer carne vermelha
4. Ela sente falta da carne vermelha porque faz parte da educação dela como gaúcha.
5. Não, ela acha que o que tiver que ser, vai ser.
6. Answers will vary.

E. Answers will vary.

11-42 Answers may vary.

1. Juliana toma chazinho da vovó. Ela também toma chá de hortelã e de boldo.
2. Adriana faz acupuntura há 11 anos. Ela se curou de uma alergia respiratória com homeopatia. A mãe dela acha que o que curou Adriana de asma foi uma simpatia, pastilhas que continham uma erva da África e que ela tomava de acordo com as fases da lua.
3. Answers will vary.

LIÇÃO 12

12-52

1. Chupeta: São Pedro da Aldeia, Bahia, Rio Grande do Sul

   Manuela: Nova Iorque, Bariloche, o Sul, Salvador, Espírito Santo, região dos lagos no Rio de Janeiro, São Pedro da Aldeia, Búzios
2. Manuela consegue viajar mais porque Chupeta trabalha praticamente sete dias por semana.
3. Answers will vary.

12-53

1. maior
2. conhecer
3. quis
4. história
5. lado místico
6. atraiu
7. destino

12-54 Answers may vary.

1. Manuela gosta de excursões com programação estabelecida, toda certinha, quando vai a lugares desconhecidos, porque assim ela não perde tempo tentando achar um lugar legal. Você já tem aqueles programas que são certos, gostosos de fazer, típicos daquele lugar.
2. Não, Chupeta procura mais o lado da aventura quando ele viaja. Ele não gosta de ter muita coisa programada.
3. Manuela gosta de uma programação livre quando vai a lugares conhecidos, porque quando ela chega pode ver como estão as coisas, como está o clima e as pessoas, e resolver o programa dela quando está lá.
4. Andar de bicicleta, ir ao teatro, conhecer um museu.
5. Answers will vary.

12-55

Caio: 5, 8, 10
Juliana: 3 , 6, 12
Chupeta: 2, 7, 9
Adriana: 1, 4, 11

LIÇÃO 13

13-37

1. Caio faz ecoturismo.
2. Ela acha que tem poucos parques na vizinhança dela.
3. Ela visita parques quando viaja fora do Rio.
4. Ele se relaciona bem com a natureza. Ele gosta de estar perto da natureza e se sente apegado a ela. Ele gosta de fazer trilhas e acampamentos.
5. Mariana acha que os parques não fazem falta porque as pessoas gostam mais de ir à praia.
6. Manuela identifica dois parques na cidade do Rio. Os dois parques são: Jardim Botânico e um parque na Barra da Tijuca.
7. Answers will vary.

13-38

1. incentivo
2. se preocupando
3. política de incentivo
4. respeitam
5. vizinhança
6. condomínio
7. muito importante
8. solucionar
9. Answers will vary. Sample answer:

   Adriana parece achar que as pessoas não se preocupam com a coleta seletiva de lixo nas suas casas e apenas em lugares públicos, como a praia. Manuela, no entanto, parece achar que as pessoas na vizinhança dela, por exemplo, estão interessadas e respeitam a coleta seletiva de lixo. Além disso, a universidade dela, a PUC-Rio, também tem coleta seletiva de lixo.

13-39 Answers may vary.

1. a. Tomada de consciência

   b. É uma coisa que a gente vai aprendendo desde pequeno. Separar embalagens, não poluir, etc., mas tudo isso tem que ser trabalhado através de uma tomada de consciência.

2. a. Educação das crianças
   b. A educação é o início de tudo e é preciso começar com as crianças.
3. a. Campanha na televisão
   b. Pessoas famosas que têm um carisma na sociedade podem dar dicas e fazer sugestões para ensinar as pessoas a preservar o meio ambiente.
4. Answers will vary.

13-40 O Rio tem a Lagoa Rodrigo de Freitas, no meio da cidade, onde é possível remar e praticar vela, por exemplo. A praia, o litoral é excelente. O Rio é cercado por montanhas onde você pode pedalar e correr. Você pode subir a Pedra da Gávea para ver o pôr do sol e o sol nascer.

LIÇÃO 14

14-38 Answers may vary.

1. De acordo com o Rogério, os costumes da sociedade brasileira têm mudado nos últimos anos, mas de maneira muito lenta. Rogério comenta que no Brasil tem três instituições que privilegiam a manutenção desses valores que são dos séculos 18 e 19 e até medievais. No Brasil as pessoas acabam sendo formatadas através de três instituições, a família, a escola e a igreja, que têm dificuldades de lidar com essas diferenças e novas categorias que vão surgindo na sociedade brasileira.
2. A Manuela fala mais especificamente sobre os costumes da sociedade brasileira no que diz respeito ao Rio de Janeiro, por ser essa a realidade dela. Ela acha que a relação pais e filhos têm ficado um pouquinho desgastada, talvez pela tecnologia, pelo capitalismo, ela não sabe exatamente pelo quê. A correria do dia-a-dia não deixa curtir, não deixa que as pessoas façam um trabalho voluntário, por exemplo. De acordo com a Manuela, dar de si para crianças, por exemplo, é estar doando à sociedade uma pessoa melhor no futuro porque você está cultivando indivíduos que se preocupem também em doar o seu tempo aos outros.
3. Juliana acha que o formato da família brasileira está mudando, mas ela não consegue analisar se isso vai ser bom ou ruim. Juliana já vê que, por exemplo, o papel da mulher na família está mudando: a mulher está tendo que ser pai e mãe porque há muita mãe solteira no Brasil. Juliana diz que não sabe como é no resto do mundo, mas no Brasil há muitas mulheres que são abandonadas pelo marido e estão tendo que correr atrás. Ela acha que sempre foi assim, mas a diferença é que hoje as mulheres estão mudando a maneira de pensar. Elas estão correndo atrás de se especializarem, de serem mais qualificadas, e de não serem apenas mães solteiras que são secretárias, mas serem mães solteiras que são chefes de famílias e executivas ou empresárias.
4. Answers will vary.

14-39 Answers may vary.

1. De acordo com Caio, a democracia no Brasil tem caminhado. Obviamente, ela poderia caminhar com passos mais largos, diz ele. Caio acha que o brasileiro ainda está aprendendo a se relacionar com a questão política. Os brasileiros estão começando a aprender a votar, por exemplo. Quando os brasileiros votam mal, pagam o preço. Caio diz que as pessoas estão caindo, por assim dizer, mas estão levantando e caminhando.
2. Na opinião do Carlos, enquanto o povo não estiver inserido nesta série de questões e decisões que complicam o país não conseguirão uma democracia completa. Alguns movimentos são referências dentro e fora do nosso país, como o MST (Movimento dos Trabalhadores Rurais sem Terra), por exemplo. Pelo tempo de existência do movimento, pelo trabalho de estrutura, de conscientização da população, etc., é sem dúvida alguma um dos maiores e melhores movimentos de formação política e educacional de massa do mundo. Ainda é preciso que o estado assuma um pouco esse papel. Nota-se pela proliferação de ONGs a falta de compromisso do estado.
3. Answers will vary.
4. Answers will vary.

LIÇÃO 15

15-31

1. b, d, h
2. c, f, i
3. a, e, g

15-32 Answers may vary.

1. Rogério acha que não há acesso à Internet, por mais que as pessoas queiram dilatar o número de usuários. Existem projetos de levar para as comunidades chamadas carentes que não são assistidas pelo poder público, levar computador, levar a Internet. E tem nessas comunidades um grande número de analfabetos funcionais, analfabetos tecnológicos e, de acordo com o Rogério, oferecer o instrumento sem conscientizar para que serve aquele instrumento é complicadíssimo.
2. Answers will vary.

15-33

1. Answers may vary.

   Dona Sônia acha que a clonagem mexe com a natureza e que isso não deveria ser feito. A tecnologia deveria ser usada para descobrir curas para doenças e ela é a favor da pesquisa relacionada com as células-tronco.
2. a. medicina
   b. tecnologia
   c. qualidade
   d. esperança
   e. ética
   f. postura
   g. consciente
3. Answers will vary.

15-34 Answers may vary.

Os dois acham que os vídeo games não estimulam a violência. Juliana acha que Tom e Jerry, o desenho animado, era altamente violento porque o rato estava sempre batendo no gato loucamente. Chupeta acredita que o problema dos vídeo games está mais relacionado à falta de atividade física do que à violência. Ele acha que os jovens hoje têm menos coordenação motora abrangente do que quando ele era menino que brincava na rua. A coordenação motora necessária para jogar vídeo games é uma coordenação motora fina.

Notas

Notas

Notas

Notas

Notas

Notas